Lettre ouverte
d'un bouc émissaire à
Tapie Bernard et
Charasse Michel
“ Ministres intègres ”

PIERRE BOTTON

Lettre ouverte d'un bouc émissaire à Tapie Bernard et Charasse Michel " Ministres intègres "

Albin Michel

Collection « Lettre ouverte »

22, rue Huyghens, 75014 Paris

ISBN 2-226-07600-X
ISSN 0755-1789

« Je suis tombé par terre, c'est la faute à La Vie Claire.

Le nez dans le ruisseau, c'est la faute aux Impôts. »

Le procureur de la République, en son réquisitoire du 28 février 1995 devant le tribunal correctionnel de Lyon, lors de mon procès.

Sommaire

L'heure des comptes

Lyon, le 28 février 1995

Ô Ministres intègres !

Ce sont vos agissements, Tapie Bernard, que j'entends exposer dans ces pages. Ceux que j'eus le malheur de découvrir, en ayant la folie de vouloir faire affaire avec vous. Ils m'ont valu, à titre de représailles, de connaître la paille humide des cachots. Vous me l'aviez promise et vous avez tenu parole. Souffrez que j'en éprouve quelque rancœur.

C'est aussi de vous, Charasse Michel, dont il sera question tout au long du récit de mes démêlés judiciaires.

Vous fûtes, Charasse, le démiurge qui, au plus haut niveau de l'État, assis à la droite de « dieu », ordonna le règlement de mon compte dont votre camarade Tapie m'avait promis, dès le 11 mai 1992, que je ne m'en relèverais pas.

Ah ! la belle équipe que voilà !

Ce sont encore vos comportements qu'il me faut révéler, Mesdames et Messieurs les hauts responsables de la Direction générale des impôts (DGI) qui, pendant tant d'années, furent les exécutants.

De volumineux dossiers en cours d'instruction, sans oublier celui qui me vaut aujourd'hui d'être accusé de « faux en écriture de commerce et de banque et usage de faux, banqueroute, abus de biens sociaux et recel », révèlent les manipulations commises par Tapie Bernard dans La Vie Claire et ailleurs... Spontanément j'en ai fourni les preuves, accablantes, au juge d'instruction Philippe Courroye du tribunal de grande instance de Lyon, le magistrat qui me mit en détention provisoire pendant cinq mois, du 13 novembre 1992 au 9 avril 1993.

Malheureusement pour mes co-« mis en examen » et moi-même, le tribunal n'a pas été saisi de ces faits. Je les expose néanmoins, car ils m'apparaissent indispensables pour éclairer mon dossier.

Les lecteurs, Tapie Bernard, seront sans doute interloqués d'apprendre que, parfaitement au courant — dès 1989 — de votre conception toute personnelle du droit des affaires, les plus hautes autorités de l'État n'ont pas daigné se pencher sur vos propres agissements. Il aura fallu attendre 1994 pour que la justice soit enfin saisie.

Vous êtes splendide, Tapie Bernard, inégalable dans vos menaces... et encore plus brillant dans vos expéditions punitives. J'en ai fait la cruelle expérience ! Merci à vous, pour cette formidable leçon... qui doit plus au pouvoir administratif de Charasse Michel qu'à votre indéniable talent.

M'ayant lu, vous me dépêcherez sans doute vos avocats... et moi, illico, mes témoins. Puisque vous n'avez même pas eu le courage de vous présenter à la barre du tribunal de Lyon où je vous ai cité à comparaître.

Vous avez voulu me régler mon compte, Messieurs nos « ministres intègres » ? Voici la relation de vos méfaits, ignorés dans le cadre de l'information judiciaire qui vous a permis de me faire mordre la poussière.

Oui, Tapie Bernard, oui Charasse Michel, l'heure est maintenant venue de faire les comptes, de dire haut et fort ce qui s'est réellement passé, d'expliquer pourquoi je me suis retrouvé brûlé sur la place publique, à la une des journaux. Tout cela parce que vous, Tapie Bernard, ministre et « voyou » — comme aime à vous présenter votre « ami » le bon professeur Léon Schwartzenberg — n'avez pas supporté que je découvre vos habituelles manœuvres, au préjudice de la collectivité, et que, en face de vous, sous les ors de votre bureau ministériel, ce funeste 11 mai 1992, j'eus l'impudence de vous déclarer qu'il n'était pas dans mes intentions de vous laisser me voler comme dans un bois.

Je prie le lecteur de ne surtout pas se méprendre. Je n'entends pas utiliser ces lignes pour influencer la justice.

Devant le tribunal correctionnel de Lyon, j'ai choisi d'assumer mes responsabilités. En d'autres termes, cette *Lettre ouverte* ne saurait être un plaidoyer pro domo.

Mes fautes, je les reconnais volontiers — attitude dont il est peu de dire qu'elle me différencie de « l'innocent » Tapie Bernard, victime, lui, d'une permanente « erreur judiciaire ». Cependant, elles ne sauraient servir à effacer, d'un coup de baguette magique, celles, inavouables, du coquin avéré auquel François Mitterrand et son Sancho Pança, Charasse Michel, n'ont cessé, toutes ces dernières années, de prodiguer honneurs, pouvoirs, impunité et argent public.

Cet argent maudit amassé par Tapie Bernard, milliardaire à crédit (Lyonnais), grâce aux banques nationalisées, généreuses créancières, je l'ai vu apparaître dans les comptes de sa filiale La Vie Claire. J'ai commis l'erreur d'en prévenir le public, les petits porteurs trompés, l'aveugle Commission des opérations de Bourse (la fameuse COB), ainsi que la justice. Rien n'y a fait : pour Tapie Bernard, la bienveillance des institutions et des lois n'a pas de limites. N'importe quel citoyen qui s'aviserait de commettre le quart de la moitié du centième d'un de ses agissements verrait la police judiciaire, assistée des gros bras de l'anti-gang, investir appartements et bureaux de ce délinquant et serait, à l'heure du laitier, embarqué en direction du Dépôt, pour un séjour prolongé au violon.

Le voilà donc dans toute sa splendeur, le grand, le beau, le souverain Tapie Bernard, protégé de

Monsieur le président de la République... et coqueluche des *garden parties* du 14 juillet, à l'Élysée. Le voilà, tel qu'en lui-même, le ministre propriétaire de Bernard Tapie Finance et de La Vie Claire qui eut le privilège de pouvoir profiter, en toute quiétude, de l'argent public.

Nous verrons comment, avant le changement de majorité parlementaire et gouvernemental, en 1993, Tapie Bernard et Charasse Michel, « ministres intègres », belles âmes de la gauche vertueuse, ont voulu organiser ma déchéance, ma comparution devant le tribunal médiatique de l'Indignité nationale, formidable Cour de justice expéditive appelée à vouer aux gémonies, chaque fois que « ces messieurs du Château » l'exigent, les importuns, les mauvais témoins ou les victimes expiatoires offrant, comme moi, sur un plateau d'argent, le profil du coupable idéal.

M'adressant publiquement à Tapie Bernard et Charasse Michel, j'ai le regret de les informer que Pierre Botton n'est pas encore mort.

Je conserve, malgré Tapie Bernard, malgré vous, Charasse Michel, le pouvoir d'assurer ma défense. Je n'ai pas l'intention d'y renoncer... et de jouer plus longtemps les boucs émissaires.

“ Botton, tu es mort ”

11 mai 1992, 16 h 30 au ministère de la Ville, boulevard Saint-Germain, hôtel particulier, entre l'Assemblée nationale et le boulevard Raspail : actuelle présidente (depuis 1994) du groupe Tapie et de la société La Vie Claire, Noëlle Bellone m'a obtenu un rendez-vous avec son patron, Tapie Bernard. Elle est tout à la fois, et depuis de nombreuses années, sa secrétaire, sa confidente et maintenant, au ministère, son chef de cabinet. Après la cour pavée, le bureau du ministre. Au rez-de-chaussée, il est contigu d'un salon d'attente cossu où ses éclats de voix me parviennent. Venant de derrière les portes recouvertes de miroirs, ces clameurs tranchent avec l'idée que je me fais de l'ambiance feutrée des palais nationaux. Décidément, Tapie restera toujours Tapie. On ne peut demander au tigre de devenir végétarien. La fréquentation de François Mitterrand, du Premier ministre Pierre Bérégovoy et de Bernard Kouchner, son collègue et ami, préposé à l'Action humanitaire, n'a pas civilisé le propriétaire de Bernard Tapie Finance. De l'autre côté du salon réservé aux visiteurs, le ton monte. Sans trop

prêter l'oreille, je perçois nettement la voix enragée de « Monsieur le ministre ». À la manière des « ultras », les supporters peinturlurés du virage nord du Stade Vélodrome de Marseille, il hurle, vocifère, aboie contre je ne sais quel interlocuteur. Il faut voir l'embarras de l'huissier, rouge comme une pivoine. Après cinq minutes, il me prie de le suivre. Ses manières, ses mots d'une infinie courtoisie me rappellent que, malgré tout, je suis reçu officiellement, par un membre du gouvernement de la France, dans un hôtel de la République :

« Monsieur Pierre Botton, Monsieur le ministre de la Ville va vous recevoir. Veuillez, s'il vous plaît, me faire l'honneur de me suivre. »

J'entre. L'huissier s'efface et referme la porte. Tapie Bernard reste assis derrière son immense table. Sans me saluer. Boudiné dans un costume trop étroit, il me défie des yeux, installé à droite d'une batterie de téléphones et des hautes fenêtres qui donnent sur un magnifique jardin à la française. J'engage la conversation, sans me douter que je viens de pénétrer sur le territoire d'un fauve blessé, bien décidé à défendre chèrement sa peau. Quitte à se payer la mienne.

« Bonjour, Monsieur le ministre...

— Non, non ! Pas de Monsieur le ministre ! Ça va comme ça, hein ! Tu te fous de ma gueule ou quoi ? Tu sais comment je m'appelle ? Ici, en face de toi, c'est Tapie ! T'as compris ? Tapie !

— Pardon, Monsieur le ministre...

— Mais tu te fous de moi ! J't'ai dit Tapie ! Et maintenant, t'arrêtes ! Qu'est-ce qu'on me dit ? Tu veux finasser ? Tu ne sais pas qu'ici on joue dans la cour des grands ?! »

Ministre de la Ville depuis le 2 avril 1992 (et pour 52 jours), Tapie Bernard caresse ostensiblement son menton, avant de projeter sa main droite grande ouverte en ma direction, un peu à la manière des matelots grecs du Pirée, chaque fois qu'ils veulent clouer le bec de leur interlocuteur.

Assis en face du ministre du gouvernement Bérégovoy, j'ai sur mes genoux les pièces du dossier La Vie Claire, la société que je viens de racheter au groupe Bernard Tapie Finance. En moins de trois mois j'ai découvert, dans sa comptabilité et sa gestion, des anomalies, et j'aimerais en parler. J'expose mes griefs :

« Voilà, comme vous le savez, Monsieur le ministre, il y a quelques problèmes dans les comptes de La Vie Claire. Je suis en mesure de faire jouer la " clause de jackpot ", celle prévue par l'acte de vente du 20 février 1992. J'ai ici tous les documents... »

Tapie se dresse, les yeux noirs, la main droite de plus en plus menaçante. Il la lance à nouveau vers moi. Ses doigts sont raides, écartés. Je remarque que, sous l'effet de la colère, ils ressemblent à des nerfs de bœuf. J'ai un mouvement de recul. Tapie Bernard rugit littéralement.

« Ça va comme ça ! Tes documents, j'en ai rien à foutre ! »

La violence transparaît sur le visage du ministre. Visiblement, ma démarche le met hors de lui :

« Qu'est-ce que tu veux ? Où tu t'crois ? »

Avec mon 1,85 mètre, ma corpulence qui n'est pas celle d'un gringalet, je ne suis pas facilement impressionnable. Cette fois, cependant, la rudesse du propos, les rictus de mon interlocuteur et toutes ces insultes qui fusent en geyser m'interpellent quelque peu. Très vite, je me ressaisis. J'ai compris que Tapie Bernard sait parfaitement user de ses talents de comédien, en plus de sa position officielle, derrière ce bureau ministériel dont je remarque qu'il est nu, débarrassé de tout sous-main, dossier et papier.

Tapie Bernard est maintenant au pouvoir et il ne lui a pas fallu longtemps pour apprendre à s'en servir. À un mètre cinquante de la table qui nous sépare, je tente, tout de même, de lui présenter le dossier de notre litige. Moi, je ne suis pas ministre. Je ne joue pas avec l'argent du Crédit Lyonnais, la grande banque nationalisée où Tapie Bernard, tous les matins, peut aller faire son marché, remplir son caddy sans jamais rien payer. C'est mon argent qui est en jeu. Ministre ou pas, Tapie doit régler ce qu'il me doit :

« Il faut revoir nos accords, Monsieur le ministre...

— Qu'est-ce que tu veux ? Tu me réclames du fric ? C'est toi qui vas payer !

— Enfin, Monsieur le ministre, gardons notre calme. Je demande seulement l'application du contrat que nous avons signé. Rien de plus.

— Quel contrat ?

— Le contrat de cession signé par le président de Bernard Tapie Finance, M. Élie Fellous. Comme vous le savez, il y figure une clause dite de " jackpot ". Elle prévoit que vous devez me régler des indemnités compensatoires, pour le cas où je découvrirais, avec les experts-comptables et les auditeurs agréés, de mauvaises surprises dans les comptes. Nous en avons trouvées plusieurs. Et de taille. J'ai ici tous les documents. Il faut que nous en parlions.

— Que nous en parlions ? Mais où tu vas toi ? Pour qui tu te prends ? (...) »

Cette vulgarité naturelle, cette grossièreté affichée, cette brutalité dans le ton, le verbe et le geste, ces tutoiements appuyés, me sont insupportables. Que puis-je faire ? Lui claquer la porte au nez ? Je suis là pour défendre mes intérêts et m'efforce de garder mon calme. J'y parviens d'autant mieux que ma placidité semble exciter davantage mon vis-à-vis. Tout à coup, Tapie Bernard change de registre :

« T'es pas content de La Vie Claire ? Alors, rends-moi ma boîte !

— Veuillez m'excusez, Monsieur le ministre, mais j'y ai déjà remis beaucoup d'argent. J'ai emprunté pour l'acheter. Ce n'est pas possible. Je ne peux pas revenir en arrière. »

Volte-face du ministre de la Ville et des Banlieues vers le clavier de son téléphone ministériel, aussi imposant que le tableau de bord d'un Airbus A320. Il saisit le combiné, pianote nerveusement sur les touches et se lance dans une conversation avec un correspondant dont j'imagine qu'il doit être Élie

Fellous, le président de Bernard Tapie Finance. À moins que ce ne soit personne ! Je fais mine de ne pas prendre pour moi les courts propos qu'il tient :

« C'est bien ce que je pensais ! C'est ça ! C'est un escroc !... Il ne veut pas payer... »

Et le ministre raccroche. Sans sourciller, plutôt ragaillardi par cette ultime provocation, ce truc de marchand de foire, je continue mon exposé :

« Voilà, Monsieur le ministre, comme vous le savez j'ai fait faire une enquête comptable et commerciale sur La Vie Claire, ainsi que sur ses magasins. Il y a un énorme problème que vous m'avez caché : de toute évidence, il n'existe plus ni contrats ni liens juridiques entre la maison mère et ses boutiques en franchise. Vous m'avez vendu une coquille vide, un réseau qui n'existe pas. Du jour au lendemain, tous ces commerçants peuvent décider, sans aucune contrainte, de vendre autre chose que les produits La Vie Claire et même de rompre tout contact avec nous, pour rallier un concurrent, tout en gardant l'enseigne de La Vie Claire. Mon seul désir, Monsieur le ministre, est de conserver La Vie Claire pour laquelle j'ai un projet, mais en vous l'achetant au juste prix. »

Tapie fait mine de ne rien entendre. Le calme suit la tempête. Il sait maintenant que je n'en démordrai pas et voit se profiler cette fameuse « clause de jackpot », dont il se doute qu'elle peut lui coûter une petite fortune. J'aborde le sujet de front :

« Vous êtes au courant de cette garantie de

passif ? Vous aviez accepté, au terme d'un an de négociations, les modalités de ce qu'avec Élie Fellous et votre avocat Francis Bousquet, nous avons appelé la “ clause de jackpot ” ! »

« Jackpot » : à ce mot, le ministre prend feu de nouveau. Il se tourne vers son téléphone et le manège recommence avec un interlocuteur cette fois manifestement imaginaire :

« C'est quoi, la clause de jackpot ? beugle-t-il dans le combiné. Ah bon ! J'ai compris. »

Il raccroche, fait pivoter son fauteuil, croise ses bras sur le marbre gris de sa table toute en pierre du mobilier national, me fixe droit dans les yeux pendant de longues secondes, ajuste son tir, avant de me lancer, plus menaçant que jamais, la sentence du parrain :

« Casse-toi, Botton ! J'ai le pouvoir et je vais m'en servir ! Tu entends : tu es mort ! »

Sur le coup, après tant d'invectives, je ne prends pas cette funeste annonce au pied de la lettre. Je suis seulement choqué de l'entendre prononcer sous le portrait officiel, accroché au mur, de Monsieur le président de la République, François Mitterrand. Bêtement, je tente une ultime conciliation :

« Écoutez, monsieur Tapie, il est inutile de vous énerver, d'en venir à de telles extrémités. Je vous demande une seule chose…

— T'as rien à me demander ! Tu sais c'qu'est le pouvoir ? Parce que le pouvoir, moi je l'ai ! Et, crois-moi, tu ne perds rien pour attendre. Tu es mort, Botton ! Tu es mort ! »

Cette fois, je prends peur. J'ai déjà vu, subi beaucoup de choses dans ma vie et ne pense pas être un poltron. Mais, sorties de la bouche d'un ministre, d'une manière aussi tonitruante, ces dernières paroles ont de quoi secouer l'homme le plus endurci. Je reste sans voix : ce n'est pas un ministre qui me reçoit ; je suis dans l'antre d'un Capone. Et puis, soudainement, Tapie Bernard se tait. Il me fixe avec un regard d'acier, d'où se dégagent à la fois haine, puissance et volonté. Silence surréaliste... pendant trois longues minutes, durant lesquelles j'entrevois — en suis-je déjà conscient ? — que ma grande faute aura été d'engager ce bras-de-fer avec Tapie. Sur son terrain. À armes inégales. Et 39 jours à peine après son entrée au gouvernement. Disposé à un compromis, j'ai eu tort de croire que nous pouvions entamer de nouvelles négociations. Naïf, j'ignore alors qu'il ne faut jamais aller à Tapie mais, au contraire, tout entreprendre pour que Tapie vienne à vous. Cette erreur tactique me coûtera cher. Elle me vaudra d'être harcelé par le fisc, le ministre du Budget, Charasse Michel... et la machine à broyer du pouvoir socialiste.

Quand Tapie me reçoit au ministère de la Ville, ce 11 mai 1992, il sait que, si j'avais vraiment voulu sévir, je me serais adressé plus sévèrement à la justice et aurais obtenu gain de cause. Il est alors persuadé que je crains son pouvoir. En face de moi, souverain, il se ferme comme une huître, ne m'écoute plus. La température devient polaire. Interloqué par sa brutale fin de non-recevoir, je n'ai plus d'autre choix que de prendre congé. Je bredouille un vague :

« Bon, eh bien, je m'en vais. »

Tandis que je me lève, le ministre reste vissé à son fauteuil. Nos regards se croisent. J'évite de lui tendre la main. Ce serait inutile.

De cette rencontre au sommet, je retiens finalement qu'on ne discute pas avec un Tapie, surtout quand il est « aux affaires ».

Vers la guerre totale

Sur le boulevard Saint-Germain, avant de remonter dans ma Peugeot 605, où m'attend Alain, mon fidèle chauffeur depuis dix-sept ans, j'ai déjà pris ma décision : puisque Tapie Bernard me traite comme un palefrenier et répond par des éructations et menaces à mes raisonnables propositions, je n'ai plus d'autres solutions que de répondre, comme il se doit, à sa déclaration de guerre. Du téléphone de la voiture, Alain appelle mes avocats pour un rendez-vous urgent. Peu après, je leur donne l'ordre de continuer à attaquer devant le tribunal de commerce et celui de grande instance de Créteil, dont dépend Maisons-Alfort, la ville de la banlieue parisienne où est installé le siège social de La Vie Claire. Je ne suis pas né de la dernière pluie : connaissant tout de même, pour l'avoir quelque peu fréquenté depuis plusieurs mois, la singulière personnalité du nouveau ministre de la Ville, j'ai veillé à me doter des armes adéquates en vue d'un éventuel affrontement.

À mes deux avocats, j'ai demandé de se partager le travail. Le commercial est dévolu à M^e^

Véronique Lartigue. La procédure civile à Me Bernard Canciani.

Ce dossier épineux dont Tapie n'a pas voulu que nous parlions sera donc examiné, tour à tour, au palais de justice de Créteil, dès le 13 mai 1992, par le président Augendre, du tribunal de commerce et, à dater du 27 mai, par Mme le président Chenier, du tribunal de grande instance. Ces deux juridictions ont reçu communication du détail de la transaction conclue entre Bernard Tapie Finance et ma société Lugdunum Finance, lors du rachat de La Vie Claire, le 20 février 1992. Pièce maîtresse de mon dispositif : la fameuse « clause de jackpot ». Comme dans les jeux de hasard, celle-ci fixe, à l'avance, le barème des pénalités qui me seront dues par Bernard Tapie Finance — et Tapie Bernard en personne — en cas de trou financier officiellement constaté dans les comptes de La Vie Claire. Pour preuve de mon préjudice, je joins l'audit de l'expert-comptable Jean-Pierre Kuch en date du 25 mai 1992, en plus de son attestation du 7 mai. Cataclysmiques documents. Ils font ressortir le déficit considérable qui m'a été caché par le groupe Tapie lors de la reprise de La Vie Claire. Le tout est étayé par les conclusions de mes avocats.

En actionnant ces leviers judiciaires, j'ai le sentiment d'appuyer sur le bouton de la bombe atomique.

Cette fois, c'est la guerre totale. Encore que je n'aie pas choisi d'en appeler au juge pénal, le seul qui convienne vraiment dans ce type de dossier où l'établissement de faux bilan le dispute à d'autres dissimulations.

La réaction de Tapie Bernard ne se fait pas attendre. Comme à son habitude, il joue l'effet de surprise. Il sait le conjuguer avec une violence fulgurante qui pétrifie mes deux conseils.

Nous sommes le 29 mai 1992, entre 16 h 30 et 17 heures. Quarante-huit heures avant l'énoncé des décisions de justice qui, tour à tour, immanquablement, vont me donner raison, sur toute la ligne. L'événement a lieu chez moi, avenue Paul-Doumer, à deux pas du Trocadéro, en présence de mes avocats Véronique Lartigue et Bernard Canciani. Nous faisons un dernier point sur l'avancement des procédures. La sonnerie du téléphone retentit. Je décroche. Hurlements :

« Allô, Botton !?

— Oui.

— Tu t'arrêtes ? Maintenant, tu t'arrêtes !

— Pardon ?

— Arrête-toi, Botton. Je vais t'exploser ! Tu sais ce que c'est exploser ? »

L'homme qui me parle ne s'est pas présenté. Bien entendu, j'ai reconnu sa voix. Ostensiblement, j'ai mis le haut-parleur, pour que mes avocats ne perdent rien de cette conversation haute en couleur, pour qu'ils ne puissent pas douter des bonnes manières de Monsieur le ministre Tapie Bernard. Les visages se figent.

À l'autre bout du fil, je retrouve le Tapie dont je n'ai plus eu de nouvelles depuis notre pathétique entretien du 11 mai. Je m'efforce de rester serein :

« Je ne comprends pas, Monsieur le ministre. Je souhaite seulement négocier. Tout ce que je veux, c'est La Vie Claire. Mais à son vrai prix.

— Pour qui tu me prends, Botton ? Tu t'arrêtes ou tu t'arrêtes pas ?

— Mais, monsieur Tapie, je vous ai rendu visite le 11 mai, avec des documents que vous n'avez même pas daigné regarder. Vous vous êtes opposé à tout dialogue. Moi, je vous le répète, tout ce que je souhaite, c'est m'asseoir à la table des négociations.

— Il n'y a pas de négociations, Botton ! T'es vraiment fou ! Je te rends ton pognon, tu me rends ma boîte et tu t'estimes heureux. Alors, tu t'arrêtes ou tu t'arrêtes pas ? Tu as trente secondes pour répondre ?

— Écoutez, monsieur Tapie, je n'ai pas l'intention de m'arrêter. Je n'accepte pas votre discours, vos menaces. Je veux l'application des conditions fixées dans notre contrat. Rien de plus, rien de moins...

— Je t'ai donné trente secondes. Tu perds ton temps : il ne t'en reste plus que quinze.

— Monsieur Tapie, votre monologue commence à me lasser...

— Arrête ton baratin, Botton. Les trente secondes sont écoulées. Alors, t'as décidé quoi ?

— Mais, monsieur Tapie, vous savez bien que je ne peux plus arrêter le processus déclenché par mes avocats...

— Alors, Botton, t'es mort ! Cette fois, t'es

vraiment mort! Tu m'entends bien : je vais te tuer! »

Quand Tapie raccroche, le clac sonore qui clôt cette bordée d'injures et de menaces nous laisse tous les trois bouche bée.

Outrés, furieux, nous décidons de contacter immédiatement Élie Fellous, l'homme de confiance de Tapie et son successeur à la tête de ses entreprises depuis son entrée au gouvernement. Coup de fil révélateur. L'ampli reste branché :

« Je viens, monsieur Fellous, d'avoir un appel de Bernard Tapie. Il m'a parlé, encore une fois, sur un ton que je ne peux accepter. Trop, c'est trop. Cette comédie n'est vraiment plus possible. Veuillez lui dire que les ultimatums et menaces permanentes, ça suffit. Elles ne m'impressionnent pas. Aussi, je me défends comme je le peux et, s'il continue, j'irai crescendo. Vous savez très bien, monsieur Fellous, que j'ai raison.

— Oui, oui, c'est vrai. Mais pourquoi n'acceptez-vous pas de lui rendre La Vie Claire ? Et puis, de votre côté, vous n'êtes pas tendre. Vous avez lancé des actions en justice, sans nous prévenir. C'est un coup de poignard dans le dos. Bernard est très remonté contre vous. De toute façon, moi je ne peux rien... Je le regrette, mais je ne peux vraiment rien faire. »

Au terme de cet échange, mes avocats sont d'avis d'en finir, une fois pour toutes. Tapie l'aura voulu : je vais passer à la vitesse supérieure. Je ne suis pas du tout disposé à lui restituer La Vie Claire... aux conditions léonines qu'il exige.

Voilà déjà plus d'un an qu'avec mes équipes nous avons travaillé d'arrache-pied à la reprise de la chaîne de magasins diététiques du groupe Bernard Tapie. Les premiers contacts datent de mai 1991. Je charge alors mon directeur financier, Charles Giscard d'Estaing, un ami de vingt ans, témoin de mon mariage, fils d'Olivier Giscard d'Estaing et neveu de l'ancien président de la République, de trouver des sociétés susceptibles d'être redressées et développées. Il rencontre donc Élie Fellous, au siège du groupe Bernard Tapie Finance. Je lui ai fixé pour mission de s'enquérir du prix de La Vie Claire. À l'époque, la société est à vendre. Toute la presse en parle. Mais Charles Giscard d'Estaing n'obtient, en plus de quelques brochures publicitaires de La Vie Claire dont je n'ai rien à faire, qu'une seule indication : ils ne vendront pas à moins de 120 millions de francs.

Exorbitant.

Encore plus extraordinaire : la manière de procéder de Bernard Tapie Finance. D'habitude, dans ce type de pourparlers, les candidats potentiels sont autorisés à visiter les lieux, les usines, à consulter les bilans, le vendeur s'efforçant de mettre son produit en valeur. Là, rien de tout cela. Une seule exigence est mise en avant : 120 millions. Sans discussion. Je trouve cette attitude plutôt bizarre. Je demande à Charles d'insister et de revenir avec les bilans. Échec :

« Je crois, me dit-il, qu'il te faut entrer en scène.

Ils ont peur des fuites dans la presse et demandent une extrême confidentialité. Les comptes de La Vie Claire semblent relever du " secret défense ". Je n'ai jamais vu une telle équipe de " paranos ". Ils veulent aussi avoir des assurances sur notre capacité d'achat. »

À Élie Fellous, que je rencontre, j'explique donc que La Vie Claire s'intègre parfaitement dans le concept industriel de mon groupe, ce qui semble le satisfaire. J'insiste à nouveau pour obtenir les bilans de la société. Comment pourrais-je me déterminer sans ces pièces ?

« C'est un peu compliqué, me répond Fellous. Nous nous reverrons. J'en parle à Bernard Tapie.

— Quel est votre avocat ?

— Maître Francis Bousquet.

— Très bien, mes conseils le contacteront, si nécessaire. Je le connais. »

Après quelques autres démarches, la situation se débloque. Maître Bousquet a fait son œuvre.

Je ne comprendrai que bien plus tard la raison de la réticence initiale du groupe Tapie à communiquer, au premier quidam venu, les comptes mirobolants de sa filiale alimentaire. En fait d'aliments, c'est plutôt de déconfitures dont il s'agit.

Dans les ténèbres
de La Vie Claire

La Vie Claire ? C'est essentiellement un nom, un réseau de magasins tenus par des commerçants chargés de vendre les produits de la marque, avec un contrat d'exclusivité les obligeant à s'approvisionner auprès de la maison mère. À charge pour celle-ci de remplir ses propres devoirs. En vertu d'un contrat dit de « franchise », elle doit leur fournir des produits de qualité, à de bons prix. Et aussi assurer les indispensables campagnes publicitaires et promotionnelles. Ce système de la franchise est en vogue, très répandu. On le trouve dans tous les secteurs du commerce et de l'industrie.

Lorsque, accompagné de mes collaborateurs, je me rends au siège de la société à Maisons-Alfort, ce qu'il m'est donné de voir est tout un poème. L'outil est vétuste, périmé. Les comptes ? Autant dire qu'y accéder relève de l'expédition la plus périlleuse. D'ailleurs, j'ai préalablement demandé au tribunal de commerce la communication des derniers bilans. Or, aucun n'a été déposé au greffe, comme l'exige la loi. Infraction ! D'où mon inquiétude... et ma ferme décision d'obtenir d'Élie Fellous une garantie de passif en béton armé, la fameuse « clause de jackpot ».

Certes, en ne rendant pas ses bilans publics, comme la loi l'exige, Tapie Bernard enfreint la réglementation. Peu lui importe. Pour cette infraction, la sanction pénale — une simple amende — est dérisoire au regard de celle dont il aurait écopé s'il les avait publiés.

Le résultat des investigations de Charles Giscard d'Estaing dans les différents services de La Vie Claire n'est pas plus rassurant. Il me faut redoubler de prudence. J'avance sur un chemin parsemé d'embûches, pour ne pas dire sur un terrain miné.

Une fois la glace rompue, les dirigeants du groupe Tapie me laissent aller seul visiter les usines, assisté de ma petite équipe. Nous sommes à l'été 1991. À Clion, du côté de Châteauroux, le chef d'atelier, un gros monsieur, m'accueille à bras ouverts.

« Vous êtes le bienvenu. Nous n'arrivons pas à savoir ce que M. Tapie entend faire de nous. Ici, il n'a pas investi un sou. Pourtant, je suis sûr que nous pourrions gagner de l'argent. Pour l'heure, on en bouffe de partout. »

J'observe que le personnel est motivé. Les gens que je rencontre défendent avec passion leur outil de production. Ils n'ignorent rien des réalités économiques et des impératifs financiers auxquels chaque chef d'entreprise doit répondre. Partout, dans tous les services, on me tient le même discours :

« Nous, nous gagnons de l'argent. Les pertes viennent du siège... qui n'a rien compris à la philosophie de La Vie Claire. »

D'entrée, je manifeste l'intention de tout voir, tout visiter. Ne rien laisser au hasard. Avec Tapie, la plus petite faute d'inattention peut vous coûter un naufrage titanesque.

Du côté des stocks, me voici au musée des horreurs. Je découvre des réserves pharaoniques de confitures. Elles datent, pour certaines, de 1988 ! Le cas n'est pas isolé. Dans d'immenses entrepôts une marmelade indescriptible nous attend. Nous sommes dans les souks de Bagdad qui auraient été ravagés par une bombe à neutrons. Mais ce n'est pas tout : on m'a gardé le meilleur pour la fin. Un hangar ouvert à tous vents abrite une vraie caverne d'Ali Baba. J'y retrouve les restes de l'épopée de La Vie Claire dans le cyclisme, quand le champion Bernard Hinault gagnait sous ses couleurs le Tour de France et les plus grandes courses. Il y a là une masse considérable de bandeaux, livres et brochures, articles et colifichets de toutes sortes, à la gloire du champion... à la retraite depuis plusieurs années. Tout ce fatras est invendable. J'ai sous les yeux les reliefs des grandes heures de La Vie Claire, juste après sa reprise par Tapie Bernard, au début des années quatre-vingt.

Le déclin de la société ? Il a commencé, m'explique-t-on, quand Tapie a entrepris de vendre les produits La Vie Claire dans les grandes surfaces, à prix cassés, sans prévenir personne. Surtout pas les propriétaires des boutiques de son réseau. Résultat : ceux-ci n'ont pas tardé à subir les conséquences de cette concurrence déloyale, les clients leur reprochant de trouver les mêmes articles dans les hyper et supermarchés, à des tarifs bien plus avantageux. Du même coup, le moral des franchisés est tombé au plus bas, les chiffres d'affaires ont fondu comme neige au soleil et, devant ce tollé, Tapie s'est vu contraint de faire machine arrière, d'arrêter ses ventes dans la grande distribution. Mais il était trop tard, le mal était fait. Il allait devoir garder sur les bras ces quantités de marchandises que je retrouve maintenant abandonnées dans ces immenses entrepôts.

Je note encore que la gamme de La Vie Claire est vieillotte, les prix trop élevés, les problèmes de livraisons rédhibitoires. La publicité fait singulièrement défaut, depuis la belle époque du cyclisme et de Bernard Hinault qui ont beaucoup profité à la renommée de Tapie... mais n'ont rien rapporté à la société qui les a pourtant sponsorisés à grands frais.

Malgré ce désastreux constat, La Vie Claire m'intéresse. Intuitivement, je sens que, bien gérée, elle peut redevenir une très belle affaire. En outre, je crois aux produits diététiques. À seize ans, j'ai eu un grave accident de moto qui m'a laissé allongé, sur un lit d'hôpital, pendant dix-huit mois, plâtré du torse jusqu'aux pieds. J'ai subi opérations sur opérations, greffes sur greffes. Un jour, un chirurgien m'a dit :

« Si tu veux refaire tes os, il faut que tu boives du lait. »

J'ai suivi ce conseil et bu trois litres de lait par jour, assortis d'un kilo de fromages, au point de m'abîmer le foie. Mais, au bout de deux mois, tout ce calcium absorbé a fait effet ; ma structure osseuse s'est reconstituée et ma jambe a été sauvée. Depuis cette douloureuse expérience, je reste persuadé de l'influence des aliments sur la santé.

Pour moi, la diététique n'est donc pas un attrape-nigaud. C'est une nécessité vitale. En rachetant La Vie Claire, je reste d'ailleurs dans le domaine que je connais le mieux : celui de la santé. J'administre depuis plusieurs années des cliniques spécialisées dans la dialyse rénale. Et mon groupe, entreprise familiale, est aussi versé dans l'agencement de pharmacies, ainsi que dans l'éducation sanitaire par l'utilisation d'écrans de télévision placés dans les boutiques des pharmaciens. Avec l'accord de l'Ordre national des pharmaciens, nous y donnons des conseils pour une meilleure hygiène de vie. La Vie Claire s'inscrit donc dans une logique de groupe... et va nous servir à établir un contact direct avec le grand public, grâce à son réseau de magasins. J'ambitionne de faire des boutiques « vertes », vendant toutes sortes de produits écologiques et diététiques.

Bouclant mon tour de piste, je rencontre également M. Lemarchand, le leader des franchisés. Son magasin se trouve à Annecy, en Haute-Savoie. Le courant passe et je lui demande de travailler avec nous à l'élaboration d'un nouveau concept pour la chaîne.

Anciens soixante-huitards pour la plupart, les responsables des boutiques La Vie Claire sont souvent végétariens. Sympathiques, ils croient en ce qu'ils vendent. La foi qui les habite correspond tout à fait à mon projet industriel et commercial.

Après les vacances de l'été 1991, le grand manitou Tapie Bernard se décide enfin à me recevoir, avenue de Friedland, au siège de Bernard Tapie Finance. Je lui explique mon plan, la parfaite synergie entre La Vie Claire et mes différentes activités. L'homme est affable, cordial, comme il sait l'être quand c'est son intérêt. Voici Maître Renard dans ses œuvres :

« Vous êtes génial, mon cher Botton. Je vois déjà le coup que, grâce à moi, vous allez pouvoir réaliser. La Vie Claire, c'est du gâteau. Ce sera un formidable mariage avec vos autres métiers dans la santé. Mais, dépêchez-vous. Trois autres groupes sont sur les rangs, l'un à Milan, l'autre en France, le troisième en Belgique. À Lyon, le laboratoire Boiron est prêt à faire l'affaire.

— Ah bon ? Je connais très bien Christian Boiron. N'oubliez pas que je suis lyonnais. Vous permettez que je lui téléphone ? C'est un ami d'enfance. Je ne veux pas lui marcher sur les pieds, gêner ses projets, ni que nous perdions notre temps. »

Tapie ne se démonte pas :

« Oui, oui, appelez-le... »

Je saisis le téléphone et compose, devant un Tapie impassible, le numéro de mon ami :

« Christian, je suis chez Bernard Tapie. Il me dit que tu es intéressé par La Vie Claire ?

— Tu es fou ? Rappelle-moi plus tard. »

Je reste perplexe. Tapie est là, à mes côtés. Terriblement gêné, j'insiste auprès de Christian Boiron, non sans quelques précautions oratoires :

« Tu es sûr qu'aucun de tes collaborateurs n'a examiné le dossier ?

— Non, Pierre, ici je les contrôle tous. Étroitement. J'ai interdit que l'on touche à ce dossier. »

Tapie ne bronche pas. En bon joueur de poker, il bluffe jusqu'au bout. Les Italiens ? Il me donne aussi leurs coordonnées. Lorsque, quinze jours plus tard, je les rencontre, ils m'assurent qu'ils ont rompu tout contact avec le groupe Tapie. Même écho à Bruxelles, où ses extravagantes prétentions ont été accueillies dans l'hilarité générale. Humour belge.

Le temps passe. Il joue en ma faveur. Mes collaborateurs continuent de ferrailler avec Fellous pour mettre au point un bon protocole d'accord. Mais Tapie fait de la résistance. Je dois souvent le joindre, à son bureau, chez lui ou sur son yacht le *Phocéa* pour arrondir les angles, empêcher que le climat se détériore. De toute évidence, je suis sa dernière chance pour la vente de La Vie Claire. Je sens que, tôt ou tard, l'entreprise tombera dans mon escarcelle. Reste à en définir les conditions. Il est exclu que je prenne le moindre risque financier. Après plusieurs semaines, je finis par rappeler Tapie :

« Puisque vous tenez à vos 120 millions de francs, nous n'arriverons à rien si je ne trouve pas un financement. Je n'ai pas cet argent.

— Ça peut s'arranger, me répond-il. Adressez-vous à ma banque, la SDBO [1] et demandez de ma part son directeur général, Pierre Despessailles. »

Aussitôt dit, aussitôt fait. Au dernier étage du 8, rue de La Rochefoucauld, à Paris, dans le grand immeuble des années soixante qui abrite le siège de la SDBO, je suis reçu par le patron, un homme énergique. Allure sympathique et regard direct. Je lui expose mon projet. Son ami Tapie l'a déjà mis au courant. Il sait que je suis là pour convenir du montage financier de l'opération, afin que nous aboutissions au plus vite :

« Mes banquiers se défilent, lui dis-je. Ils considèrent La Vie Claire comme trop risquée.

— Je vais voir ce que je peux faire. Quelles sont vos possibilités ?

— Je suis prêt à injecter de l'argent dans La Vie Claire pour redresser l'affaire. Pas pour l'acheter à un prix déraisonnable, ni pour boucher les trous. Les fonds nécessaires à son acquisition doivent m'être prêtés. J'offre en échange des garanties

1. SDBO : Société de banque occidentale ; la banque dite « historique » de Tapie Bernard, filiale du Crédit Lyonnais.

immobilières pour une trentaine de millions de francs : les 1250 mètres carrés de mon hôtel particulier, boulevard des Belges à Lyon. »

Pierre Despessailles opine du chef :

« L'affaire paraît jouable, dit-il. Mais je dois faire expertiser la valeur de cet immeuble, déduction faite des hypothèques déjà prises dessus. »

Nous nous quittons. Les jours s'écoulent sans que rien ne se passe. Je préviens Tapie :

« Despessailles fait traîner les choses. Il ne m'a toujours pas accordé le prêt dont j'ai besoin... »

1er décembre 1991 : c'est la rupture. Depuis plusieurs semaines, les négociations patinent. Un nouveau problème a surgi. Je tiens à faire écrire noir sur blanc, dans le contrat, que La Vie Claire n'est pas en état de cessation de paiement. Mais ni Élie Fellous, ni son avocat Me Francis Bousquet ne veulent en entendre parler. Je reste sur mes positions. Après étude comptable, je sais maintenant que La Vie Claire perd de l'argent depuis quatre ans (2,5 millions en 1989, 12 millions en 1990). Le trou grandit à un rythme de 800 000 à 1 million de francs par mois. Un vrai « bain de sang ». Et le chiffre d'affaires (143 millions de francs) est en chute libre. En réalité, en dehors de sa marque connue — qui n'intéresse plus grand monde —, la société ne vaut plus rien. Sa situation nette est négative d'environ 12 millions de francs. Comment imaginer qu'on puisse acheter cette entreprise 120 millions (on a d'ailleurs commencé par m'en demander 150), sans que ses dirigeants garantissent formellement qu'elle n'est pas en cessation de paiement.

À la mi-décembre, j'essaie tant bien que mal de recoller les morceaux. Nouvelle conversation :

« Écoutez, monsieur Tapie, on ne va pas tout mettre par terre pour cette histoire de garantie. Il faut bien trouver une formule qui satisfasse tout le monde. Trouvez-moi l'argent pour financer la reprise de La Vie Claire, on verra ensuite pour la forme... »

Le “ baiser de la mort ”

Dès janvier 1992, nous voilà tous réunis à nouveau autour de la table des négociations. Cette fois, les dirigeants du groupe Tapie sont pressés d'en finir. La signature de nos accords aura lieu le 20 février, avenue de Friedland, dans les petits salons du sous-sol de l'hôtel Napoléon, là où Tapie Bernard, à deux pas de son siège, a l'habitude de réunir ses assemblées générales d'actionnaires. Président de la lilliputienne société Lugdunum Finance, au capital de 250 000 francs et créée pour l'occasion, me voilà en train de traiter, d'égal à égal, avec Élie Fellous, le président de Bernard Tapie Finance, au capital de 700,4 millions de francs. David... Botton pactise avec Goliath... Tapie. Autant dire avec le diable, mais cela je ne le sais pas encore.

C'est ainsi que ce 20 février 1992, à 17 h 30, je deviens le principal actionnaire, à hauteur de 97,73 %, du groupe La Vie Claire. Secret, le prix de vente est finalement fixé à un total de 130,7 millions de francs. Notre accord — j'en suis conscient — doit permettre à Tapie de se sortir d'une mauvaise passe. Avec la complicité de la SDBO. Pour ce faire, la filiale du Crédit Lyonnais a besoin de mon concours. Voilà pourquoi, à la demande expresse de Tapie Bernard (qui voit se profiler l'ombre d'un beau pigeon), elle m'offre sur un plateau d'argent le moyen d'acquérir La Vie Claire, sans bourse délier.

Le « contrat de cession » concocté par le cabinet juridique lyonnais Burnier-Gitenay-Mallet-Guy Vergnole-Vericel-De Villers & Associés (groupe Lexel Conseil) est imparable. Je l'ai, avec mon équipe, fortement inspiré. Il ne nous aura pas fallu moins de neuf mois pour accoucher de ce bébé miraculeux. Je crois conclure l'affaire de ma vie, mais je vais me retrouver le dindon de la farce. Tapie a déjà tout prévu pour que ma victoire se transforme, à court terme, en Bérésina. Malade d'orgueil, fier comme Artaban, il exploite à merveille mon désir de paraître, ma volonté de le terrasser dans l'arène de ses exploits, de ses premières heures de gloire, au temps du grand Bernard Hinault : je veux parler de La Vie Claire.

Faute majeure d'appréciation, je n'entrevois pas que Tapie n'a, comme à l'accoutumée, qu'une seule, unique préoccupation : son propre devenir et l'argent nécessaire pour l'assurer coûte que coûte ; certainement pas le sauvetage d'une entreprise dont il ne saurait supporter qu'elle survive à son attilesque passage.

Voici donc comment, « gentleman Botton » — expression chère à Tapie Bernard — s'est fait rouler dans la farine lors de la signature d'un accord en forme de « baiser de la mort ». Dans neuf mois, à cause de ce marché de dupes, je dormirai — merci « Monsieur le ministre » ! — dans une cellule... de la prison Saint-Joseph de Lyon.

Sur le papier, une fois nos accords conclus, j'ai 15 millions de francs à payer comptant, plus 5 autres millions qui devront être réglés (sans intérêts) dans trois mois, le 31 mai 1992, avec un billet à ordre que j'avalise. Ces premiers millions viennent des caisses de la SDBO. Car il n'est pas question que je dépense mon propre argent pour payer les folies de Bernard Tapie Finance et de son « boss ». Le solde — 80 millions de francs — devra être remboursé en cinq échéances, chaque « 1er avril », du 1er avril 1993 au 1er avril 1997. Cette fois, on a tout de même fixé un taux d'intérêt de 11,5 % l'an. Ainsi, Tapie Bernard pourra se flatter devant la presse d'avoir vendu La Vie Claire plus cher que ses propres prévisions.

Nous sommes également convenus que je pourrai me libérer de ces dettes par anticipation, à tout moment, sans aucune indemnité, ni frais à ma charge.

En réalité, grâce à l'obligeance de Tapie Bernard et surtout grâce à la générosité de sa banque, la SDBO, je n'ai pas un centime à sortir de ma poche.

En premier lieu, la SDBO, présente de A à Z dans le montage, me prête aussi 10 millions de francs, pour que je puisse remettre du « cash » en compte courant dans La Vie Claire... et ainsi apurer une partie des découverts de la société dans ses livres. Son débit est donc artificiellement réduit à 16,5 millions de francs. Simple tour de passe-passe. C'est toujours l'argent de la SDBO qui paie.

Bien plus, la filiale du Crédit Lyonnais me prête les 20 millions supplémentaires qui doivent servir à payer d'urgence le groupe Bernard Tapie Finance. À savoir, les 15 millions comptants, le jour de la signature, augmentés des 5 millions de francs de mon billet à ordre que BTF doit encaisser le 31 mai.

Dans le salon de l'hôtel Napoléon, je viens de réaliser le plus beau coup de ma vie. Même si la santé de La Vie Claire n'est guère florissante, pour ne pas dire très précaire, mes risques sont minimes. L'article 5 du contrat stipule en effet, qu'en cas de non-paiement des échéances de ma part, je ne devrai restituer au groupe Tapie que 34 % des actions (la minorité de blocage) et la marque « La Vie Claire ». Presque un encouragement à ne pas payer... Dans ce cas, je conserve, quoi qu'il arrive, 66 % de la société. Quant à la marque, rien de plus facile que de créer un nouveau label. Je pense déjà à « Espace Vie Claire » qui correspond à mon nouveau concept.

Tapie Bernard a tout lieu, lui aussi, d'être satisfait. En ce début d'année 1992, il lui faut trouver très vite 725 millions de francs pour financer la seconde traite du coûteux rachat (1,6 milliard de francs) du géant des articles de sport Adidas (dont l'échéance arrive à l'été 1992) et aussi réunir les fonds en vue du règlement, le 31 juillet, des intérêts y afférant.

A première vue, Tapie n'obtient pas de moi les 120 millions de francs qu'il réclamait à l'origine pour La Vie Claire. Pourtant, à y regarder de plus près, ce montant est atteint et même dépassé (130,7 millions de francs) si l'on tient compte des intérêts que je dois lui servir jusqu'en 1997.

J'ai vite compris la raison de l'entêtement de Tapie Bernard à obtenir ce prix fatidique de 120 millions. Toute cession au-dessous de ce chiffre lui aurait coûté personnellement la différence. D'ailleurs, devenu président de La Vie Claire, je vais vite découvrir la vérité : la société ne vaut plus grand-chose, même pas une dizaine de millions. Elle est en état de faillite virtuelle, son actif net étant inférieur de 33,972 millions au capital social de 26,562 millions. Mais, justement, Tapie veut échapper à la sanction suprême : devoir régler l'ardoise, sur ses propres deniers. En effet, le 21 novembre 1989, le groupe Bernard Tapie Finance (BTF) a été introduit en Bourse, à 142 francs l'action. À l'époque, dans les comptes de BTF, la filiale La Vie Claire est comptabilisée pour 120 millions, valeur jugée alors excessive, tant par les commissaires aux comptes de la société, que par la Commission des opérations de Bourse (COB). Celle-ci demande donc à Tapie des assurances avant l'introduction du titre BTF sur le second marché de Paris. Tapie est contraint d'offrir sa caution personnelle pour garantir ce montant de 120 millions. Il est vrai que, avec l'argent des autres, le patron de l'OM distribue les gages, aussi facilement que les hommes politiques les promesses. Mais cela ne suffit pas à la COB. Méfiante, à juste titre, sur l'état du patrimoine de Tapie, le gendarme de la Bourse réclame des garanties supplémentaires. Alors apparaît le bon samaritain de service, l'éternel Crédit Lyonnais de Jean-Yves Haberer... par le truchement de la SDBO, où Tapie fait la pluie et le beau temps. Sans sourciller, la banque ajoute sa propre caution à celle, sans réelle valeur, de Tapie Bernard. Preuve que, dès 1989, nul n'ignore dans les hautes sphères de l'État que Tapie, la star dont le président Mitterrand ne cesse de faire l'éloge, n'est qu'un milliardaire à crédit...

En d'autres termes, si d'aventure La Vie Claire est un jour revendue au-dessous de 120 millions de francs, c'est Tapie Bernard et la SDBO qui devront, solidairement, régler la perte, de façon à sauvegarder les intérêts des 20 000 actionnaires du groupe BTF.

Pour Tapie, comme pour la SDBO, le prix de vente de La Vie Claire est donc immuable, incompressible. Il devra être d'au moins 120 millions. D'où leur intransigeance tout au long de nos pourparlers.

Reconstituons le plan élaboré par Tapie et le Crédit Lyonnais, via la SDBO. Voici comment, insensiblement, je suis rentré dans un jeu de poker menteur, mes partenaires se sachant assurés d'une parfaite impunité.

En février 1992, le temps presse. La chute du cabinet Édith Cresson est annoncée. Juste avant les élections régionales de mars et son entrée dans le gouvernement Bérégovoy, le 2 avril, Tapie Bernard se trouve dans une position délicate. Chaque jour, la presse écrite, radio et télévisée — même à l'étranger —, glose sur ses déboires financiers et son endettement qui croît comme le champignon d'un volcan en éruption. Beaucoup s'interrogent sur sa capacité à régler les dernières factures du rachat Adidas. Petit à petit, le nom de Tapie devient synonyme de débâcle financière. Après avoir été la fausse figure emblématique du capitalisme étincelant des années quatre-vingt, l'ex-idole de la Bourse est maintenant montré sous ses véritables traits : ceux d'un redoutable prédateur, déguisé en redresseur d'entreprises. Les emplois qu'il prétend avoir sauvés ou créés, ici et là, n'existent que dans son discours et son imagination. Le mirobolant entrepreneur, que le président François Mitterrand cite en exemple aux Français, doit sa survie — je suis bien placé pour le savoir — aux soins intensifs du service de réanimation de la SDBO qui, pour la circonstance, lui garantit une assistance respiratoire permanente et autant de ballons d'oxygène qu'il demande.

Tout est entrepris, en haut lieu, pour que la nouvelle coqueluche du chef de l'État puisse très vite redorer son blason. En pleine campagne électorale, il doit montrer qu'il est encore capable de vendre du vent à prix d'or, à un gogo de service, fût-ce avec l'argent du Crédit Lyonnais. Autant dire celui des contribuables.

Ainsi donc, dans les mois qui précèdent les élections cantonales et régionales, où il est le candidat de la majorité présidentielle en région Provence-Alpes-Côte d'Azur, avec sa fameuse liste Énergie Sud (financée pour partie par Testut, filiale de BTF), Tapie Bernard va m'utiliser et réussir, avec la généreuse complicité du Crédit Lyonnais, à se tirer de son guêpier. Le plan de bataille est minutieusement monté :

Pour que je puisse reprendre sans bourse délier La Vie Claire, Tapie m'en fournit les moyens financiers, grâce à son bailleur de fonds dévoué, la SDBO... qui n'a rien à refuser à sa maison mère le Crédit Lyonnais et à Pierre Bérégovoy, ministre de tutelle de cet établissement nationalisé. Le schéma n'est pas inédit. Il a servi auparavant, en 1989, lors de la revente de Look, la célèbre société de fixations de skis, installée à Nevers, la ville de Bérégovoy. À l'instar de La Vie Claire, Look perdait alors de l'argent par tombereaux. Son repreneur, Pierre-Alain Blum (le patron du groupe horloger suisse Ebel), a été entièrement et providentiellement soutenu par la SDBO, à hauteur de 200 millions de francs, les négociations ayant lieu « dans le bureau du ministre des Finances, Pierre Bérégovoy ». Cette acquisition ne va pas lui porter chance. Comme moi, demain, dans La Vie Claire, il découvre vite des cadavres dans les placards. En mai 1994, il lui faudra revendre une partie de Look au géant du ski Rossignol. Ces déboires seront pour une bonne part à l'origine de la défaillance de son propre groupe, cédé lui aussi, au printemps 1994, au londonien Investcorp.

On ne change pas une recette qui gagne. Grâce à la vente de La Vie Claire et au soutien du Crédit Lyonnais, Tapie peut disposer sans tarder des fonds que je m'engage à lui remettre :

15 millions tout de suite
\+ 5 millions en billet à ordre, le 31 mai 1992
\+ 80 millions, dont le règlement étalé doit intervenir chaque 1er avril, de 1993 à 1997
\+ 30,7 millions d'intérêts
= **130,7** millions de francs.

De la totalité de cette somme, il jouira immédiatement. Pour cela, à la SDBO, il escomptera « en Dailly » les 130,7 millions (principal et intérêts) du produit de la vente de La Vie Claire. En effet, en vertu de la célèbre loi du sénateur Étienne Dailly, aujourd'hui membre du Conseil constitutionnel, tout créancier d'une personne physique ou morale a la faculté d'emprunter, auprès d'un établissement financier, l'équivalent d'une somme due par un tiers, sous réserve que sa créance soit reconnue comme valable. Dans le dossier La Vie Claire (façon de parler !), la SDBO, c'est-à-dire le Lyonnais, ne se fait pas prier pour accepter de nantir ma dette à l'égard de BTF... et avancer sur l'heure à

Tapie les fonds correspondants dont il a un besoin urgent.

En d'autres termes, le futur ministre de la Ville de Pierre Bérégovoy reçoit, par ce savant stratagème, les millions nécessaires pour honorer l'échéance Adidas du 30 juillet 1992.

De mon côté, avec les fonds que m'alloue la SDBO, je deviens acquéreur de La Vie Claire sans sortir un sou, cela grâce à un simple jeu d'écritures, dont je crois profiter presque autant que Tapie. Lequel va pouvoir se vanter de n'avoir pas surévalué le prix de La Vie Claire, comme on le lui avait préalablement reproché, lors de l'introduction de BTF en Bourse. Auprès des quelque 20 000 petits porteurs de son groupe, il pourra même se targuer d'avoir réalisé une légère plus-value, par l'encaissement de ces 130,7 millions... que je ne paierai jamais. Dépassée, aveugle comme chaque fois qu'il le faut, la Commission des opérations de Bourse... qui est à Tapie ce que la canne blanche est à l'aveugle, ne trouve rien à redire à ce montage alambiqué qui ne brille pas par sa transparence. Or, Bernard Tapie Finance est alors toujours coté au second marché de la Bourse de Paris. Bientôt, ses actionnaires — petits porteurs et grands groupes nationalisés — n'auront plus que leurs yeux pour pleurer.

Merci, « tonton »

Merci, Tapie.

Chez les marchands... de Tapie

Pendant les négociations, notre partie de poker menteur va durer jusque dans la dernière ligne droite, juste avant la signature. À l'hôtel Napoléon, ce 20 février, il est presque 17 heures. Accompagnés de nos conseils respectifs, nous nous faisons face, autour d'une grande table en U. Les documents sont éparpillés dans tous les sens. Épuisants, ces ultimes pourparlers durent depuis le matin, entrecoupés seulement d'une pause-sandwich à midi. Mme Rousseau, une ancienne secrétaire de La Vie Claire récupérée par Bernard Tapie Finance, mutiplie les allées et venues avec le siège de BTF pour nous rapporter les documents nécessaires. Car un dernier obstacle risque de tout faire capoter. Sur le contrat de vente restent encore en blanc la valeur des fonds de commerce détenus par La Vie Claire, ainsi que leur nombre. Deux chiffres capitaux. La SDBO exige la mise en garantie de ces boutiques pour couvrir le découvert de 16,5 millions de francs qu'elle autorise encore à la société qu'elle me vend. Pierre Despessailles, le patron de la SDBO, réclame, en couverture de ce montant, la totalité des 54 fonds. Je ne souhaite lui en donner qu'une quarantaine, afin de préserver la capacité d'emprunt de la société. Une passe d'arme homérique va porter sur la valeur de ces magasins. Depuis une salle isolée, avec un petit bureau, dans le même sous-sol de l'hôtel Napoléon, je joins Despessailles par téléphone pour une dernière négociation. Voilà bien la preuve que nos neuf mois de conversations n'ont porté que sur la survie de Tapie et non celle de La Vie Claire. Sans quoi, il y a belle lurette que les experts de la SDBO, créancière de Tapie, se seraient chargés de l'évaluation, poste par poste, des actifs du groupe d'aliments diététiques. J'interpelle le directeur général :

« Combien met-on dans le contrat pour l'évaluation des fonds de commerce ?

— 300 000 francs par magasin, répond le banquier.

— Ce chiffre résulte-t-il d'une étude de vos collaborateurs ? Avez-vous un rapport d'expertise ?

— Non, mais c'est 300 000 francs.

— Vous plaisantez ? Vous connaissez le prix d'un fond de commerce en ville ? 300 000 francs, c'est ridicule. En faisant une cote mal taillée, entre Paris, les grandes villes et les cités moyennes, j'arrive à un minimum de 500 000 francs.

— Pas question !

— Très bien, alors je plie bagage.

— Bon, bon ! Mettons 350 000 ! Je ne peux pas aller plus loin. »

La conversation s'éternise. Je ne faiblis pas. Si

les 54 fonds de commerce sont valorisés 500 000 francs pièce, en multipliant ces deux chiffres, leur valeur globale sera comptabilisée dans notre contrat pour 27 millions de francs et pourra servir de garantie bancaire à hauteur de ce montant. En revanche, les 350 000 francs proposés, au jugé, par Despessailles, font décroître la valeur du tout à 18,9 millions de francs. À peine davantage que la garantie de 16,5 millions réclamée par la SDBO pour couvrir le découvert qui restera, à la suite de notre précédente gymnastique comptable. De guerre lasse, je consens tout de même à faire un petit pas :

« 400 000 francs ! C'est à prendre ou à laisser. »

Pierre Despessailles rend les armes :

« OK.

— Bien, monsieur Despessailles. Nous sommes d'accord ? On met 400 000 francs ?

— Oui, oui, Botton, marché conclu !

— Bon, je vous passe votre collaboratrice, madame Mirazcu, pour que vous lui donniez vous-même le feu vert. »

Je tends le combiné à la responsable des services juridiques de la SDBO. Des bribes de la conversation me parviennent :

« Oui, oui, oui, Monsieur le président... D'accord, Monsieur le directeur général... J'ai compris... Ce sera 350 000 francs... »

À l'énoncé de ce chiffre, je bondis, fou de colère, sur le téléphone. Pierre Despessailles est toujours en ligne :

« Mais, dites donc, vous vous foutez de moi ?

On vient de se mettre d'accord il y a seulement dix secondes sur une valeur de 400 000 francs et, illico, vous revenez sur votre parole, en ma présence. Ce sont des méthodes de voyous !

— Ne vous mettez pas dans cet état-là, Botton. C'est la vie, c'est les affaires...

— Les affaires ? Où vous croyez-vous donc ? À la tête d'un casino ou d'une banque de l'État ? »

Mon franc-parler fait merveille : le général Despessailles opère une retraite stratégique. Mains en l'air, il se rend :

« Bon, bon, ça va comme ça ! On met 400 000 francs... et finissons-en ! À bientôt, mon cher Botton. Je vous rappelle. »

Nous en restons là. À 400 000 francs pièce, cela me fait quarante et un fonds de commerce à offrir en garantie pour le découvert restant de 16,5 millions à la SDBO. In fine, il me reste treize magasins pour contracter d'éventuels emprunts complémentaires, à hauteur de 5,2 millions de francs.

La signature du contrat par lequel je deviens propriétaire de La Vie Claire intervient peu après 17 h 30. C'est la fin d'un éprouvant marathon. Je jubile. La nouvelle peut être annoncée à la presse. Mais mon euphorie est de courte durée. À 18 heures, une trentaine de minutes seulement après la séance de signatures, j'ai un premier clash avec l'ancien propriétaire de La Vie Claire. Élie Fellous, le président du groupe BTF, envisage d'annoncer un prix de vente confirmant en quelque sorte les 120 millions de francs donnés comme estimation de La Vie Claire, lors de l'introduction de Bernard Tapie Finance au second marché de la Bourse de Paris, en 1989. Moi, j'exige que l'on s'en tienne aux 100 millions qui figurent sur le contrat. Fellous insiste :

« Monsieur Botton, on avait dit 120 millions de francs...

— Pas du tout. On n'a pas dit 120 millions. J'ai signé à 100. Vous pouvez annoncer ce que vous voulez. Pour moi, le prix c'est 100 millions de francs ! »

Pure logique : quand vous achetez un appartement d'un million de francs, vous ne dites pas l'avoir payé 1,5 million, sous prétexte que les intérêts de votre emprunt bancaire vous coûteront, au bout du compte, 500 000 francs en plus.

Invisible tout au long de cette dernière journée de pourparlers, Tapie Bernard monte alors au créneau. Je l'entends encore mugir, en arrière-fond, à l'intention de Fellous :

« Dites à ce salaud qu'on ne va pas s'étriper pour une malheureuse différence de 20 millions. Il faut se mettre d'accord. On va rédiger un communiqué commun. »

Ambiance.

Ces manœuvres dilatoires, ces rapports toujours conflictuels m'exaspèrent vraiment. Je décide de marquer mon territoire, en prenant les devants. Nous verrons bien demain le chiffre que nous donnerons à la presse. De toutes manières, je n'ai pas l'intention d'endosser les bobards de Tapie Bernard et de sa bande. À 18 h 56, le 20 février 1992, l'Agence France Presse publie mon premier communiqué :

« Le groupe lyonnais Pierre Botton, spécialisé dans la pharmacie et la santé, a acquis 97,73 % du capital de La Vie Claire, une des sociétés du groupe Bernard Tapie Finance, spécialisée dans la distribution de produits diététiques, a annoncé jeudi soir à l'AFP M. Pierre Botton. Le montant de la transaction n'a pas été rendu public. Les négociations serrées entre M. Botton et M. Tapie ont duré neuf mois. »

Dès réception de cette dépêche, *Le Figaro* et *Le Quotidien de Paris* m'appellent : le groupe Tapie laisserait entendre que la transaction s'est faite au-dessus de 120 millions de francs. Les journalistes demandent confirmation. J'oppose un démenti :

« Ce chiffre est inexact. D'ailleurs, je vous invite à la plus grande prudence et vous prie de n'en donner aucun. Notre contrat comporte une clause de confidentialité que chacune des parties doit impérativement respecter. Mais, puisque vous me dites que le vendeur vous annonce, officieusement, le chiffre de 120 millions, je vous préviens, officiellement, que s'il est fait écho à cette fausse rumeur, j'exigerai d'en connaître l'origine et publierai immédiatement l'intégralité du contrat. »

Le téléphone n'arrête plus de sonner. Du côté de BTF, on raconte que le prix de vente, supérieur à 120 millions, est justifié par la bonne santé de La Vie Claire. À 19 h 47, Tapie Bernard reçoit ma réponse, par AFP interposée. J'annonce que, depuis 1989, La Vie Claire est « en perte », que l'entreprise a pâti d'une gestion éloignée de ses intérêts. Chez BTF, Tapie enrage.

Le lendemain et les jours suivants, retour à la case départ. Me revoilà dans les souks de Bagdad : les discussions de marchands de tapis reprennent. Cette fois, je me sens en position de force, je demeure intransigeant. En réponse à Tapie, qui maintient sa volonté de nous voir afficher un prix de cession d'au moins 120 millions de francs, je décide, plutôt que d'entrer dans son jeu où je n'ai rien à gagner, de renoncer à la publication d'un communiqué commun.

À la Bourse, ce silence de nos deux sociétés est mal interprété. On s'interroge sur les raisons de ces cachotteries. Cependant, tout le monde sait que La Vie Claire est en déficit chronique. On suppose qu'en raison de cette santé chancelante, je n'ai pas payé à Tapie les 120, et encore moins les 150 millions que, encore tout récemment, il se faisait fort d'obtenir. Les spéculations vont bon train. Des spécialistes avancent une somme d'environ 60 millions de francs. Je laisse dire. Ce n'est pas mon problème.

À l'intention des petits porteurs, inquiets pour leurs économies — je rappelle que, lors de son entrée sur le second marché de Paris, en novembre 1989, l'action BTF a été cotée 142 francs —, Élie Fellous tient des propos rassurants :

« Tout se passera très bien, les actifs seront cédés dans les délais, des négociations sont actuellement en cours, la dernière échéance Adidas sera honorée et peut-être même par anticipation. »

La COB laisse dire.

Le 21 février, à la mi-journée, le titre BTF est en léger recul à 113 francs. La chute sensible de son cours, depuis le début de sa carrière boursière, scandalise Élie Fellous. Le porte-parole de Tapie Bernard ose même affirmer, sans rire, qu'« elle ne reflète pas l'état du groupe ». Sous-entend-il, avec une bonne dose d'humour noir, que l'action du groupe Tapie est encore trop chère ? Ce n'est malheureusement pas dans ce sens qu'est reçu le sévère commentaire du bon M. Fellous. En effet, quatre mois plus tard, le 26 juin 1992, la cotation de l'action BTF sera définitivement suspendue... au cours de 130 francs. Et, dans dix mois, le 29 décembre 1992, Bernard Tapie Finance terminera sa belle, sa grande odyssée boursière... par une offre publique de retrait à 100 francs, suivie d'une radiation de la cote officielle.

Un camouflet pour Tapie Bernard, un désastre pour les petits porteurs... dont certains vont devoir saisir la justice.

Comme le disait Tapie Bernard, lors de son entrée en Bourse le 21 novembre 1989 :

« Les faits et les chiffres valent mieux qu'un long discours... »

La meurtrière
“ clause de jackpot ”

Fin février 1992 : je suis sur un nuage. Mais l'euphorie ne durera pas. Tapie Bernard ne s'est pas contenté de fournir aux actionnaires de BTF des informations erronées.

Très vite, à la suite d'une autopsie financière et commerciale confiée à mes experts, je découvre que je me suis fait gruger. Pour que Bernard Tapie Finance puisse empocher les millions de la SDBO nécessaires au financement de la dette Adidas, on m'a refilé, avec La Vie Claire, un cadavre en état de décomposition avancée.

Certes, je n'ai pas le sentiment d'avoir pris un grand risque. Assorti d'une maigre garantie portant sur 34 % du capital de La Vie Claire et, éventuellement, la restitution de la marque à BTF, le « crédit acheteur » que m'octroie la SDBO est une aubaine. D'autant que l'article 4, alinéa 2, du contrat de cession signé le 20 février — celui qui fixe le prix revenant à BTF, ainsi que mes échéances de règlements — est battu en brèche par un document « top secret » prouvant la totale complicité de la SDBO et de BTF. Il s'agit d'un acte sous seing privé, signé par « Élie Fellous, spécialement mandaté ». Ce document radioactif annule, ou plutôt reporte d'une année, la date du premier remboursement (22,183 millions de francs) de mon échéancier... dont nous venons de convenir, ce jour même, qu'il interviendra le 1er avril [*sic*] 1993. Du jamais vu dans les affaires ! Cet acte capital révèle, à lui seul, les coupables manigances ourdies par un établissement financier de l'État, avec et pour le compte d'un de ses clients, détenteur d'un mandat électif et bientôt ministre de François Mitterrand.

La justice va ignorer ces preuves, au même titre que toutes celles dont je fais état dans ces pages. Voici cet acte sous seing privé accablant, tel qu'il fut signé par Élie Fellous, en même temps que les huit pages du contrat officiel de cession d'actions de la société La Vie Claire. Sur le moment, je ne remarque pas que Fellous n'a pas daté cette pièce portant l'en-tête de Bernard Tapie Finance. Il est cependant incontestable que cette lettre m'a été écrite pour, simultanément et secrètement, amender les termes (de pure forme) de notre accord officiel. En effet, en haut et à droite, chaque page est numérotée avec la mention : « suite n°... ». La huitième et dernière page du contrat proprement dit est assortie de l'inscription : « suite n° 8 ». Quant à l'acte sous seing privé, il est annexé dans la « suite n° 9 », elle-même suivie d'autres additifs, signés et paraphés par Élie Fellous et moi-même.

Venons-en donc aux termes de la lettre que m'adresse Élie Fellous, en ma qualité de président de Lugdunum Finance. Dans ce document, il m'écrit :

« Comme suite à nos discussions, je vous propose les modifications suivantes auxquelles je consens expressément et irrévocablement :

» — L'échéance prévue (...) d'un montant de 22 183 013 francs payable le 1er avril 1993 est reportée au 1er avril 1994.

» — Cette somme de 22 183 013 francs portera intérêts au taux de 11,5 % l'an, de telle sorte que le montant total de l'échéance (principal et intérêts) au 1er avril 1994 est désormais de 47 054 059 francs. »

Ah, comme ils sont joyeux les 1er avril dans les contrats de Tapie Bernard et de ses amis d'alors, patrons du Crédit Lyonnais !

Je dois à la vérité de reconnaître que cet acte sous seing privé n'est que broutille au regard de la miraculeuse « clause de jackpot », dont je ne peux prévoir qu'elle va finir par m'exploser à la figure, comme une bombe... mal réglée.

Si la paternité de la métaphore « clause de jackpot » revient à Me Francis Bousquet, l'avocat de Tapie Bernard, le contenu de celle-ci est le fruit de mon imagination. Nous avons mis longtemps avant de mettre au point cette « garantie de passif » d'un genre particulier. Le lecteur conviendra qu'elle est, à bien des égards, tout à fait adaptée à la personnalité, à l'originalité et aux états de service du propriétaire de Bernard Tapie Finance et de La Vie Claire. « Jackpot » ? Connue de tous les joueurs, clients des casinos, cette expression est la traduction anglaise de « gros lot ». En l'espèce, c'est bien de cela dont il s'agit.

Notre clause d'enfer, censée garantir mes intérêts en cas de mauvaises surprises dans les comptes, est si avantageuse à mon endroit, que les conseillers, banquiers et avocats de Tapie Bernard ont mis neuf mois avant de l'accepter. Le prix de vente de La Vie Claire n'est, me répète-t-on, pas négociable ? Pas borné, il me faut trouver une autre issue, que j'ai bien du mal à faire admettre à « Golden Tapie » et à ses boys.

Ma stratégie et celle de mes conseillers consiste alors à contrebalancer ce prix dément par des modalités de paiement et une clause de garantie de passif sans précédent, mais qui me permettront de m'y retrouver. Quelle n'a pas été la surprise des employés de Tapie, quand je leur ai livré le résultat subtil de nos savantes cogitations. Élie Fellous a mis du temps avant de comprendre. Je dus finalement me résoudre à lui donner un cours magistral d'un style particulier, en m'efforçant de garder mon sérieux, de ne surtout pas céder à un irrésistible fou rire intérieur :

« Je vais vous expliquer, mon cher Fellous, tout l'intérêt de cette clause. Sans elle, il m'est impossible de signer. Puisque, avec votre patron, Bernard Tapie, vous m'assurez, la main sur le cœur, que les comptes de La Vie Claire sont bien ceux que vous me présentez, que je n'y découvrirai aucun loup, que vos bilans sont plus purs que l'eau millénaire des glaciers..., eh bien vous n'avez aucun risque à accepter de me donner, noir sur blanc, la preuve de votre bonne foi. Voici en quoi consiste mon jeu de la vérité. Imaginez que vous me vendiez une télévision en or, pour un prix de 100 et quelques millions ! À ce tarif de nabab, vous comprendrez qu'il me faut des assurances. J'ai établi et j'exige l'adoption d'une échelle de risques : ainsi, s'il manque un bouton au poste que vous me livrez, j'applique à ce défaut un coefficient « 1 » : le simple remplacement de ce bouton en or ; s'il n'y a pas de télécommande, c'est plus embêtant, alors je prévois un coefficient « 2 », c'est-à-dire que vous me devrez deux télécommandes en or ; si, en allumant le poste, je découvre que l'image est en noir et blanc et non en couleur, ça devient grave et je vous inflige un coefficient « 3 », ce qui veut dire que vous serez condamné à me livrer trois postes en or ; si jamais la télé ne s'allume pas et que, passant la main derrière, je découvre que la boîte est vide, alors je dois en déduire que vous avez essayé de m'escroquer, de me voler, et je vous colle un coefficient « 4 », qui vous obligera à me payer, « cash », quatre fois les 100 et quelques millions de la facture, soit 400 millions de francs. De plus, si par extraordinaire, l'une de ces fautes est indiscutablement établie, l'argent que vous me devrez ne peut pas venir en diminution de mon prix d'achat, puisque je paye votre poste en or (La Vie Claire) à crédit, sur cinq ans. C'est pourquoi il vous faudra me régler, immédiatement et sans discuter, toutes ces pénalités. Parlez-en à Tapie, mon cher Fellous. C'est simple comme bonjour. Je ne vois pas pourquoi il refuserait. Entre gentlemen, nous pouvons prendre des engagements de cette nature. »

Je rencontre et converse plusieurs fois avec Tapie Bernard, au siège de son groupe ou sous les plafonds lambrissés de son hôtel particulier de la rue des Saints-Pères. À cette époque, il est tout miel. Il n'a qu'une seule préoccupation : « fourguer » au plus vite La Vie Claire, quelles qu'en soient les modalités, sous réserve que ce ne soit pas lui qui paie les pots cassés. La « clause de jackpot » ? Tapie comprend à la vitesse de la lumière :

« Je suis, mon cher Tapie, un businessman. Mon travail, c'est de gagner de l'argent. Comme le Petit Poucet, je n'avance jamais dans la vie sans laisser des traces, pour pouvoir toujours m'y retrouver. Ainsi, je ne signe que des contrats en béton armé. »

En fait de béton, la « convention de garanties », annexée à l'article 5 alinéa 2 du contrat de cession de La Vie Claire, est digne des fondations du World Trade Center de New York et de la Muraille de Chine réunis. Les modalités qui figurent dans cet additif de dix-huit pages resteront comme un monument dans l'histoire du droit des affaires. Il fallait l'exceptionnelle rencontre d'un Tapie et d'un Botton pour accoucher d'un tel dispositif. Champion de l'esbroufe dans tous les domaines de sa vie publique, Tapie Bernard consent finalement à donner son feu vert. Peu lui importe. Il sait déjà que ce contrat ne sera jamais pour lui qu'un chiffon de papier et que, exploitant ses amitiés fraternelles et socialistes, il ne va pas tarder à m'envoyer aux galères, aller me refaire une santé derrière les barreaux.

Je ne résiste pas au plaisir de détailler, par le menu, les dispositions de notre « convention de garanties », c'est-à-dire la « clause de jackpot ». D'entrée, le document ressemble au fameux scénario de Michel Audiard, si apprécié du général de Gaulle, dans *Faut pas prendre les enfants du Bon Dieu pour des canards sauvages* :

« Article 1 : " le garant " Bernard Tapie Finance certifie que l'ensemble des documents visés dans la présente convention est relatif à " la société " (La Vie Claire) et aux " sociétés affiliées " (la SA Point Nature, les SARL Société d'Exploitation Arche de Vie, l'Arbre de Vie, Ferme Saint-André et La Vie Claire Gestion) sont sincères et reflètent la réalité de la situation de ces dernières (...). »

La confiance règne !

Ensuite, « le " garant " certifie et garantit à la date de la signature des présentes les déclarations suivantes : (...) en ce qui concerne l'activité de " la société " et des " sociétés affiliées ", que l'ensemble des dépenses qu'elles ont engagé l'ont été dans l'intérêt social de chacune des sociétés concernées (...), qu'elles ne devaient pas d'autres sommes à la date du 31 décembre 1990 que celles inscrites au passif de leur bilan (...), qu'elles ont été gérées en bon père de famille, selon le cours normal et habituel et qu'aucun événement ni aucune modification ne s'est produit, de nature à affecter de manière significative et défavorable la situation financière, économique et commerciale et d'une manière générale le fonctionnement et la composition ou la configuration de “ la société ” et des “ sociétés affiliées ” (...) ».

« Bon père de famille » ? Tapie Bernard l'est, je n'en doute pas, dans sa vie privée. Mais, concernant les sociétés qu'il m'a cédées, l'avenir me réserve d'amères surprises. Il serait difficile de trouver une gestion plus débridée, des comportements plus barbares.

Aux pages 14 et 15 de notre « clause de jackpot », le florilège continue. L'article 4 fixe les « engagements de garantie ». Un poème... chanté. Voici les troubadours. Je fais sonner les cors.

Tout d'abord, Tapie s'engage à garantir l'existence des sociétés, fonds de commerce, comptes et bilans, etc., de La Vie Claire et de ses filiales, pour le montant total du préjudice que je subirais, en cas de fausse déclaration de sa part. En outre, BTF consent, expressément, à m'indemniser selon un barème précis :

• Toute variation négative du montant de l'actif net consolidé de La Vie Claire et de l'ensemble de ses filiales, « telle qu'il ressortira des comptes arrêtés au 31 décembre 1991 », sera affectée d'un « coefficient multiplicateur de 1 », si le montant de la perte constaté par les experts désignés est inférieur à « 2,5 millions de francs » ;

• Toute perte supérieure à « 2,5 millions » et

inférieure à « 5,5 millions » sera affectée d'un « coefficient multiplicateur de 2 » ;

• À toute variation négative du même actif net consolidé comprise entre « 5,5 et 8,5 millions de francs », je pourrai appliquer, d'autorité, un « coefficient multiplicateur de 3 » ;

• Enfin, si le « montant de la variation » est supérieur à « 8,5 millions de francs » Bernard Tapie Finance et son propriétaire, responsable sur ses biens propres de tous les engagements de sa société cotée en Bourse, se verra infligé une punition égale à « 4 fois » le trou constaté ;

• Le dernier paragraphe de l'article 4 fixant « les engagements de garantie » de la SA Bernard Tapie Finance limite tout de même l'indemnisation pouvant résulter de l'application de la « clause de jackpot », au montant total du prix de cession de La Vie Claire (130,7 millions, intérêts compris) ;

• Pour éviter toute contestation postérieure, quant au domaine d'application de cette clause, nous sommes convenus d'y annexer vingt-neuf documents regroupant l'ensemble des pièces juridiques, comptables, financières, commerciales, contentieuses du dossier La Vie Claire, susceptibles de contenir un vice caché.

À ce stade du récit de notre transaction, un bref récapitulatif est nécessaire : je viens d'acheter une société à tempérament, pour un total de 130,7 millions, avec 15 millions versés immédiatement...

qui m'ont été alloués par la banque du vendeur ; pour tous les millions qui restent à régler, j'offre seulement en garantie le nom de La Vie Claire et 34 % de son capital ; si, en 1994 — date réelle de ma première échéance de remboursement — je me retrouve dans l'incapacité de régler mon dû à la SDBO, je demeure malgré tout propriétaire du groupe, seules la marque et la minorité de blocage (34 %) revenant dans ce cas à la banque de Tapie.

La martingale est presque parfaite. Sur le papier, dans cette partie, je gagne à tous les coups. Encore faudrait-il que je ne sois pas à la table d'un tricheur. La réaction de Me Francis Bousquet me rassure plutôt :

« Si nous sommes payés, nous aurons beaucoup de chance dans cette affaire ; pourvu que les comptes soient justes. »

L'avocat ignore, évidemment, que son client, Tapie Bernard, se moque éperdument des termes et des conséquences du contrat que nous venons de signer. Il est du bon côté du manche : ses amis sont au pouvoir.

Aveugle à Paris...
et " faiseur de maire " à Lyon

« Allô, Maître, une mauvaise nouvelle : je reçois un “ Avis de vérification ” fiscale des comptes de La Vie Claire. Il est daté du 18 février, deux jours avant que j'en devienne le propriétaire.

— Pourquoi une mauvaise nouvelle, mon cher Botton ? Vous n'êtes pas responsable de la gestion de vos prédécesseurs. Quoi qu'il en soit, nous avons toutes les garanties. En cas d'infraction, nous ferons jouer la “ clause de jackpot ”. »

Nous sommes le 25 février 1992. Président de La Vie Claire depuis à peine cinq jours, j'apprends à mieux connaître la duplicité de Tapie Bernard... et sa redoutable organisation. Ce jour-là, je ne peux imaginer, tout comme mes conseils, que ce contrôle fiscal n'est pas le fruit du hasard. À mes dépens, je vais apprendre, petit à petit, qu'on ne joue pas impunément avec l'enfant chéri de François Mitterrand, de Charasse Michel et du Crédit Lyonnais. Ma brillante « clause de jackpot » ne pèse pas lourd face aux moyens qui lui sont offerts pour empêcher un petit Botton de lui damer le pion.

Aveugle, je n'ai rien vu venir. Depuis le début des années quatre-vingt, rien ne m'a résisté. Mon ascension a été fulgurante et je considère Tapie comme un simple compagnon d'aventures, à la hauteur de mes prétentions. Nul n'ignore qu'à la différence de Tapie, mon parcours doit certes beaucoup aux médias, mais surtout à des années d'un travail acharné. La plus grande différence entre Tapie Bernard et moi est que je n'ai jamais vécu aux crochets des banques de l'État, c'est-à-dire des contribuables.

« Botton, un Tapie de droite », a-t-on souvent dit. Par opportunisme, Tapie a choisi la gauche ; moi, par convictions, le gaullisme militant.

Si Tapie est issu d'une famille modeste du Bourget, dans la banlieue nord de Paris, en ce qui me concerne, je suis né, le 30 mai 1955, de Marie-Thérèse Mazier et Marcel Botton, dans un foyer bourgeois de Lyon. Petit industriel, mon père a été pendant longtemps, avant que je lui succède, le président de la SA Vivien, spécialisée dans l'aménagement de pharmacies. De son côté, ma mère contrôlait avant moi nos deux autres sociétés familiales, les SA et SARL Régina qui exploitent des centres de dialyse, c'est-à-dire des cliniques où les malades des reins viennent se faire traiter pour l'élimination des toxines dans le sang. Comme Tapie, ma scolarité a été plutôt cahotique. Avant d'obtenir un baccalauréat série C, en 1973, mes études ont été perturbées par deux chutes de ski et de moto, en 1970 et 1971. Ce dernier accident et les dix-huit mois d'hospitalisation qui l'ont suivi m'ont beaucoup marqué. Ils vont déterminer mon avenir.

Après un court passage dans une école de préparation au concours de l'École vétérinaire, je décide de me lancer, avec l'aide de mon père, dans la gestion de deux restaurants, Le Cottage et le Mangeodrome, à Collonges-au-Mont-d'Or, la petite localité des bords de Saône, à neuf kilomètres de Lyon, rendue célèbre dans le monde entier par le vatican culinaire de mon voisin et vieil ami de ma famille, le légendaire Paul Bocuse. Le pape de la cuisine française, dont l'établissement est proche du mien, guide mes premiers pas. Je n'ai que vingt et un ans. Grâce à Paul Bocuse, je me lie d'amitié avec plusieurs personnalités, parmi lesquelles Eddie Barclay, qui m'introduisent dans le monde du show-business. Le démon de la politique ne m'a pas encore saisi.

Au même titre que Tapie à ses débuts, je comprends vite l'intérêt de compter des célébrités et des gens puissants dans mon carnet d'adresses. Quand je reprends les sociétés de mon père, les pharmaciens qui deviennent mes clients sont flattés de me savoir l'ami des stars. Dès lors, ma politique consiste à développer mes affaires grâce aux relations publiques. Je suis dans l'air du temps. C'est — pardon d'insister, mais telle est la réalité qui explique bien des choses — la décennie dorée de l'argent roi. Bon vendeur, je me crois déjà à la tête d'un empire. Autour de moi, à Paris comme à

Lyon, dans tous les secteurs de la vie des affaires, d'autres Tapie et je ne sais combien de Botton lèvent des capitaux et de la même manière accumulent les « fusions-acquisitions » d'entreprises. À l'époque, la valeur de votre projet compte moins que votre culot, votre entregent et votre courage d'entreprendre.

Très vite, je grandis. Mon chiffre d'affaires grimpe à 85 millions de francs. Dans l'agencement de pharmacies, j'arrive maintenant à un régime de croisière de deux transformations de magasins par semaine. Au Salon européen de la pharmacie, Ipharmex, j'ai obtenu le 2e Oscar de l'innovation. L'argent rentre et mes marges sont exceptionnelles. Avec mon mobilier haut de gamme — du « sur mesure » —, je me veux le « Jean-Claude Decaux de la pharmacie ». On m'admire. Je dépense et me dépense sans compter. Ivresse de la réussite. Mes amis du « show-biz » ont déteint sur moi. Pour vendre mes installations, je ne recule devant rien. J'utilise l'avion privé régulièrement, l'hélicoptère fréquemment, la table de chez « Paulo » Bocuse comme le bistrot du coin. Le tout aux frais de mes sociétés. Avec moi, grâce à moi, le petit monde des apothicaires — qui, au contraire de ce qu'on a prétendu, ne s'est pas trouvé lésé par mon entreprise — vit la grande vie parisienne. Mon secret est simple comme bonjour : je fais rêver ces notables qui s'ennuient dans la vie routinière de leurs officines. Au pharmacien de Toulon qui aime le bleu, le soleil et la mer, je vends une ambiance de plage :

« Votre comptoir, je le fais en forme de barque, avec votre nom, comme dans la marine ; le tout dans des tons bleus mouvants, réglés par une horloge qui fera apparaître le soleil au bord de la mer. Votre pharmacie ne doit plus seulement vendre un espoir de guérison, elle va maintenant le faire dans la joie. Comme en vacances. »

Ainsi, quand je débarque quelque part avec ma Mercedes 560, j'ai tôt fait de vendre pour 1 à 1,5 million une pharmacie haut de gamme personnalisée. J'aborde mon client avec un discours révolutionnaire :

« Quelle est votre passion ? Le jeu ? Eh bien soit, je vous livre clés en main une pharmacie avec un décor de casino. Vous aurez des cartes à jouer sur les murs, une roulette à l'endroit de la caisse, le black-jack au rayon des cosmétiques, le tout assorti d'un gigantesque dé en guise de banque d'accueil. »

Mon succès va grandissant, ma dialectique fait des merveilles.

« Combien de temps, monsieur, passez-vous dans votre pharmacie ? Comme tous vos confrères, qui sont mes clients, bien plus qu'à votre domicile ! Il vous faut donc un cadre de vie professionnel adéquat. Il y va de votre bien-être, ce qui n'a pas de prix. Certes, je suis plus cher que les autres. Mais moi, je vous transforme la vie ! »

Ce processus, ma rencontre providentielle avec Michel Noir, en 1982, ne fait que l'accélérer. Cette année-là, à Lyon, j'expose mes produits au Salon européen de la pharmacie. Mon principal concurrent, un Allemand, est présent. Mon père aussi. Ancien résistant, gaulliste de toujours, il déteste tout ce qui vient d'outre-Rhin. Incapable de rivaliser avec les moyens très importants de mes rivaux teutons, je joue la carte tricolore. Mon stand est bleu, blanc, rouge. Dans la capitale des Gaules et de la Résistance, ce décor fait son effet. Michel Noir, le député RPR de la Croix-Rousse, visite le Salon et tombe en arrêt devant moi :

« Vous êtes patriote ? Votre présentation me plaît.

— Merci, monsieur le député. Comme vous, je suis gaulliste. Tout jeune, à treize ans, le 30 mai 1968, j'étais avec mon père au défilé sur les Champs-Élysées pour manifester contre la gauche et pour le général de Gaulle. »

Jusqu'à notre rupture, en 1989, je ne quitterai plus celui que j'aiderai à devenir ministre, puis maire de Lyon.

Dès 1983, j'entre au RPR, aux côtés de Michel Noir. Nous devenons inséparables et mon amitié pour celui qui n'est alors qu'un député de base tourne à la passion. Il me fascine autant que je l'impressionne. Il est mon meilleur ami et je suis son « éminence grise », lorsqu'il devient ministre du Commerce extérieur dans le gouvernement de Jacques Chirac, de 1986 à 1988. Un an plus tard, en décembre 1987, j'épouse Anne-Valérie, sa fille aînée. Deux ans après, aux élections municipales de 1989, je suis le concepteur, le bailleur de fonds et le directeur de sa campagne. Je serai l'artisan de son élection à la mairie de Lyon. Contre tous, dont le maire sortant, « l'indéboulonnable » Francisque Collomb, nous remportons le « grand chelem » : neuf arrondissements sur neuf. Pour tout le monde, pour les médias, je deviens un « faiseur de maire ».

Mais qui, en dehors d'un Charasse Michel, ministre du Budget — et lui-même « baron noir » du président de la République, François Mitterrand —, connaît le dessous de nos cartes, nos vraies natures, nos petits secrets et grandes faiblesses ? Qui le sait, en dehors de cet homme, ministre de tutelle de la redoutable Direction générale des Impôts (DGI), dont, sans même m'en rendre compte, je vais d'abord devenir le jouet (en 1990 et 1991), puis l'instrument maléfique et finalement la victime, en 1992, quand son ami Tapie Bernard l'appellera au secours ?

Je me brouille avec Noir...
et je “ disjoncte ”

À la fin de la décennie quatre-vingt, la montée du Front national de Jean-Marie Le Pen est le sujet de préoccupation numéro un de la classe politique française et des intellectuels. À gauche, comme du côté de la droite modérée. Contre Le Pen, je vends un Michel Noir « new look », que j'habille chez les meilleurs faiseurs. J'en fais une sorte de Robin des Bois « présidentiable ». Figure de proue des rénovateurs de droite, il est mon champion. Je m'occupe de tout y compris de la garde-robe, j'organise les voyages, les dîners en ville, les leçons de violoncelle. Je suis aussi celui qui paie, le trésorier en charge de l'intendance en général et surtout des relations publiques du génie qui monte. C'est ainsi que, mettant à profit mes nombreuses et anciennes amitiés chez les stars du show-biz, je vais être amené à connaître et fréquenter la plupart des grands journalistes de la radio et de la télévision. Je m'applique à les inviter régulièrement dans des réceptions et voyages qui, dans mon esprit, font partie des relations publiques indispensables à mes activités professionnelles, où tout se retrouve mêlé : Anne Sinclair et son mari de l'époque Ivan Levaï, François-Henri de Virieu et Yves Mourousi, Jean-Pierre Elkabbach ou encore Patrick Poivre d'Arvor, les plus grands noms de l'audiovisuel sont maintenant des amis. Au même titre que le fut Coluche — l'autre coup de foudre de ma vie — pendant les derniers mois de son existence, avant son accident mortel de moto en 1986.

Tandis que je suis devenu, un an plus tard, en décembre 1987, le gendre de Michel Noir, étoile montante de la droite alors au pouvoir, mon réseau et mes ambitions dans les affaires et la politique se sont développés.

Rapide retour en arrière : pendant le premier gouvernement de cohabitation droite-gauche, en 1986-1988, je suis encore et toujours dans l'ombre de Michel Noir, mais sans apparaître dans l'organigramme officiel. Aux journalistes qui me consultent et me sollicitent, j'offre naturellement, généreusement, la table et le couvert. Quand ce ne sont pas le gîte et les voyages. Je goûte déjà à l'ivresse du pouvoir. Mais je ne suis qu'un PDG de PME tout dévoué à la cause de son idole, Michel Noir.

Pendant toutes ces années roses, surplombant la place du Trocadéro, en face de la tour Eiffel, mon appartement au dernier étage du 1, avenue Paul-Doumer est l'une des adresses les plus courues du Tout-Paris. En novembre 1992, quarante-huit heures avant mon incarcération, j'y reçois encore une quarantaine de brillants convives — journalistes, présentateurs, chanteurs, etc. — dont beaucoup, demain, ne me reconnaîtront plus !

Mon divorce politique avec l'entourage de Michel Noir, le 21 avril 1989, un mois seulement à peine après son élection triomphale à la mairie de Lyon, fait basculer à nouveau ma vie. En réalité — et au contraire de ce qui est dit alors — cette rupture résulte non d'un conflit financier mais de divergences politiques réelles. Tout le reste n'est que légende.

Je n'ai que trente-quatre ans et me retrouve soudain orphelin d'une amitié que je croyais éternelle. Heureusement, témoin privilégié de cette querelle, Anne-Valérie, ma femme, m'accompagne et me soutient.

Le 6 décembre 1990, en pleine guerre du Golfe, Michel Noir, imité par deux autres députés, claque la porte du RPR et démissionne de l'Assemblée nationale. Il veut jouer sa carte au sein de l'opposition d'alors et espère susciter un « vaste sursaut national » grâce à son nouveau mouvement « Nouvelle Démocratie ». Dans cette démarche, il n'est suivi que par l'ancien ministre de la Santé, Michèle Barzach et son propre adjoint à la mairie, le député Jean-Michel Dubernard. Une élection législative partielle est organisée à Lyon, en janvier-février 1991. Noir est candidat à sa propre succession. De son côté, Dubernard, que je vais affronter, se présente dans la 3e circonscription.

Car, en politique comme ailleurs, je ne supporte pas les infidélités. J'ai le soutien du RPR. Marc Bathier, mon bras droit dans mes sociétés, est mon trésorier. Campagne mouvementée. Elle est émaillée par le cambriolage de ma permanence électorale, attribué à l'ancien policier Bernard Sarroca, chef de cabinet de Michel Noir à la mairie, dont j'apprends aussi qu'il me fait suivre, ainsi que ma femme. Le cambriolage de ma permanence ? Un jeune serrurier, monte-en-l'air repenti, s'accusera, en mars 1991, d'être l'un des auteurs de ce petit « Watergate » lyonnais. Entre-temps, le 3 février 1991, à l'issue du second tour, je connais ma première grande défaite : je suis battu par Jean-Michel Dubernard, avec seulement 11,55 % des suffrages exprimés. Noir triomphe.

Sur le front de mes entreprises, je suis victime de mon système, de mes propres hallucinations, je ne me rends compte de rien. Là encore, il me faudra connaître la terrible épreuve des menottes et de la prison pour prendre conscience de ce qui s'est réellement passé : à partir de 1989, je « disjoncte » ! Est-il d'autre terme plus approprié ?

Pour moi, rien alors n'est trop beau, trop grand.

« Tout et tout de suite ! » : telle est ma nouvelle devise.

Comme Tapie — qui, il est vrai, doit, quelque part dans mon subconscient, me servir de modèle — j'affiche sans complexe une belle opulence. Je suis prisonnier de mon personnage, pris dans une spirale infernale. À l'image des « golden boys », à l'origine du grand krach boursier mondial de 1987, oui, j'ai disjoncté. Abonné à l'*Argus de la Presse*, l'organisme qui, moyennant finances, se charge de collecter tous les articles de presse paraissant sur vous, je vois s'empiler, non sans quelque fierté, des centaines de « papiers » louangeurs à mon égard. Pour tous, je suis l'enfant prodige de la deuxième ville de France. Aujourd'hui, je me revois — non sans une certaine gêne — débarquer en hurlant d'un avion privé, simplement parce que les pales de l'hélicoptère — pour le reste du trajet — ne tournent pas encore.

Mais, derrière ce cinéma politico-mondain, je reste tout de même — et quoi qu'on dise aujourd'hui — un chef d'entreprise dynamique. D'autant que j'ai besoin de mes affaires pour financer mon train de vie, tous ces frais de maison. Ce qui, entre parenthèses, m'est aujourd'hui reproché par la justice, alors que je n'ai jamais dépensé que mon propre argent, que je me suis en quelque sorte volé moi-même. Nous y reviendrons.

Au début des années quatre-vingt-dix, mon groupe se compose de dix-neuf sociétés réparties en cinq pôles :

• **Le pôle agencement de pharmacies,** avec les sociétés :

Vivien SA (acquise par mon père en 1960 et reprise par moi à la fin des années soixante-dix) ;

Bailly SARL (créée en 1975 par mon père et maintenant animée par moi) ;

Boisson SA (rachetée par moi en 1990, par le biais de mes filiales Alpha et Bêta Finance).

• **Le pôle médical,** constitué des sociétés :

Régina SA (propriétaire d'un sanatorium, créée en 1928 par mon grand-père et longtemps dirigée par ma mère) ;

Régina SARL (lancée en 1969 pour l'exploitation d'un centre de dyalise à Hauteville-Lompnes, dans l'Ain) ;

Mipi SA (fondée en 1991 et propriétaire de la SA Régina, elle-même détenant la SARL portant son nom).

• **Le pôle financier,** composé de cinq sociétés pour les prises de participation, les SARL à capital-risque :

SND Finance (1989) ;

3B Holding, puis *Halpy,* créée elle aussi en 1989, de même que la...

SA Alpha Finance, puis la...

SA Bêta Finance (nées en 1990), et...

Lugdunum Finance (datant de 1991).

• **Le pôle communication,** traité par la :

SA Télésanté (constituée en 1985) ;

SARL Enfin, que je rachète en 1989, au célèbre journaliste Yves Mourousi.

• **Le pôle immobilier** enfin, qui tourne autour de trois SCI (sociétés civiles immobilières) dont je détiens la majorité :

la *SCI Apoudka,* propriétaire de mon hôtel particulier lyonnais du boulevard des Belges ;

la *SCI Helen Roc*, détentrice de ma villa de Cannes, et...

la *SCI du Belvédère*, propriétaire d'un hôtel, de deux terrains et d'une villa à Hauteville-Lompnes.

C'est tout cet édifice qui, bientôt, va se retrouver dans l'œil du cyclone. Car, en mêlant la politique à mes affaires, en mettant celles-ci au service de l'ambition de Michel Noir, en ne contrôlant plus ce chassé-croisé permanent entre mes activités publiques et privées — la politique d'une part, le commerce et la finance de l'autre —, je me condamne à une fuite en avant... et à une inévitable chute.

Au-dessus de moi, de cette dérisoire construction que je crois à l'épreuve des balles, je ne remarque pas la ronde des prédateurs. Déjà, Charasse Michel, le ministre du Budget, se tient prêt. Quant à Tapie, il ne fera qu'une bouchée de ma funeste prétention d'avoir voulu le battre... en le copiant.

Dans peu de temps, au moment le plus propice, ils vont fondre sur moi...

Et tout mon univers va voler en éclats.

Les comptes maudits de " Monsieur Bernard "

Hors-jeu en politique, à Lyon, sur ma terre d'élection, tous mes efforts se reportent maintenant sur le développement de mon petit groupe. Fort des amitiés acquises pendant toutes ces années, dans les milieux les plus divers, je me sens de taille à donner une nouvelle dimension à mes entreprises. Je peux compter sur Marc Bathier, mon fidèle collaborateur depuis 1987.

Pharmacien de son état, Bathier est né le 8 février 1956. Il est d'un an plus jeune que moi. Nous nous sommes connus au début des années quatre-vingt, quand ma société Vivien a réalisé l'aménagement de sa pharmacie, au Chambon-Feugerolles, dans la Loire, non loin de Lyon. Nous avons conservé d'excellents contacts et, en 1985, il a accepté de devenir actionnaire de Télésanté, la filiale de communication que j'ai créée, le 21 juin de la même année, pour diffuser, en vidéo, de la publicité dans les salles d'attente des professions médicales. En mai 1987, Bathier a revendu son officine pour devenir le directeur général de Télésanté, à la présidence de laquelle il me succède en 1989. À compter de cette date, il est mon efficace lieutenant, présent dans la plupart de mes filiales. Il va devenir le gérant des SARL Enfin, 3B Holding et Bailly, de même que le PDG de la SA Vivien, en plus de Télésanté. Marc Bathier siège aussi au conseil d'administration de Bêta Finance, Alpha Finance et Boisson. Il est l'un des rouages essentiels de ma structure.

À ce dévoué « compagnon » — le terme est approprié car, comme moi, Marc Bathier est gaulliste, militant du RPR lyonnais —, j'adjoins en 1990 mon vieil ami Charles Giscard d'Estaing.

J'ai connu le neveu de l'ancien président de la République, Valéry Giscard d'Estaing — il est le fils de son frère Olivier —, à l'époque (1977) où je tenais mon restaurant Le Cottage, à Collonges-au-Mont-d'Or, près de Lyon. Charles venait alors de Paris pour effectuer trois années d'études à l'École supérieure de Commerce de Lyon (ESCL), installée à Écully. Nous nous sommes retrouvés en 1985, au Brésil, où le jeune diplômé occupait des fonctions d'attaché de direction dans une filiale du groupe Montero de Aranha, propriété du milliardaire Joachim Montero, huitième puissance économique et financière du Brésil, l'un des hommes les plus riches du monde et l'une de mes proches relations. J'aime beaucoup Charles... et c'est tout naturellement que je lui ai proposé de travailler à mon projet Pharminvest, destiné à fédérer les activités de mes nouvelles sociétés de capital-risque : Alpha et Bêta Finance. Le principe est simple : nous prenons des participations au capital d'entreprises diverses, dans les métiers de la santé. Outre ses indéniables compétences, Charles Giscard d'Estaing porte — c'est vrai — un nom qui inspire confiance. Me fera-t-on aussi le procès de l'avoir embauché uniquement pour exploiter son patronyme ? Allons donc ! Que dire, dans ces conditions, des plus hautes personnalités politiques recrutées dans le secteur privé, moins en raison de leurs compétences (dont les Français n'ont pas mesuré les bienfaits) que de leurs titres ? Que dire d'Édith Cresson qui, entre deux portefeuilles — le Commerce extérieur et Matignon —, fait la navette entre les palais nationaux et le groupe Schneider... où on lui confie une « mission » de « lobbying » (comprenez « une action menée par un groupe de pression », selon la définition même du dictionnaire) ? Ce que je dis là de l'ancien Premier ministre Édith Cresson vaut aussi pour des centaines, des milliers de rentiers de la République, nouvelle noblesse, nouveaux privilégiés, débauchés de la haute fonction publique, du Parlement ou du gouvernement.

Charles Giscard d'Estaing a commencé de travailler pour moi comme attaché financier d'Alpha Finance, pour le démarchage des pharmaciens, actionnaires potentiels. Je lui confie ensuite d'autres fonctions. Il est : attaché financier dans ma holding 3B ; administrateur dans Alpha Finance (dont il sera le PDG du 5 juillet 1990 au 3 avril 1991) et Bêta Finance, Lugdunum Finance et la SA Boisson. Enfin, du 5 novembre 1991 au 20 mai

1992 je fais de lui le PDG de la SA Régina, propriétaire du centre de dialyse exploité par la SARL Régina.

En tant que directeur financier et du développement de mon groupe, c'est également Charles Giscard d'Estaing que je charge de dénicher des sociétés intéressantes à racheter et d'en explorer les potentiels. Au printemps de 1991, c'est bien lui qui engage les pourparlers avec Élie Fellous et Bernard Tapie Finance, en vue de la reprise de La Vie Claire. Charles va d'ailleurs siéger au conseil d'administration de La Vie Claire quand, le 20 février 1992, l'opération de rachat sera conclue. Nous avons de formidables ambitions pour la chaîne de magasins diététiques et un vrai plan de bataille.

Adossée à Lugdunum Finance, nouvelle holding créée spécialement pour l'occasion, La Vie Claire doit rapidement renaître de ses cendres. Voilà cinq ans que pas un centime n'y a été injecté. Il nous faut agir, frapper vite et fort.

Nous avons d'ores et déjà prévu un tour de France des boutiques de la chaîne. Au programme : des leçons de marketing, de gestion informatisée et de comportement à l'intention de nos « franchisés ». Notre créneau se veut résolument « vert ». Nous sommes dans l'air du temps. Aux journalistes, je vante les qualités, les leçons reçues de mon parrain Paul Bocuse dont je me plais à répéter qu'il m'a inculqué « les valeurs de la terre et du travail ». La formule fait mouche. Elle est abondamment reprise. Je table d'entrée sur un retour à l'équilibre des comptes en 1992, un chiffre d'affaires de plus de 200 millions de francs pour l'exercice 1993, avec un bénéfice de 15 millions. Mon slogan « La bio, c'est pas triste » doit être accompagné de la rénovation des magasins, de la modernisation de certaines usines, de la fermeture d'autres. Un plan de compression de 30 % des effectifs est programmé avec, en contrepartie, le recrutement de commerciaux. La Vie Claire conservera la fabrication du « pain bio », dans une nouvelle ligne de produits à laquelle réfléchit déjà le designer-vedette Philippe Starck. En revanche, les fabrications des jus de fruit et des confitures à l'usine de Clion seront stoppées, de même que la vente des produits diététiques en grande surface. Je compte beaucoup sur mon concept des « Espaces Vie Claire », où seront vendus, en plus des aliments diététiques, des produits « verts » tels que les sacs biodégradables, les sièges ergonomiques, les bombes aérosols qui préservent l'ozone, les produits esthétiques naturels, voire (pour les voitures) des pots catalytiques à monter soi-même ! Bref, j'ai une idée par jour dont Charles Giscard d'Estaing examine la faisabilité. J'annonce l'ouverture, avant l'été, de trois « Espace Vie Claire », dont un à Paris, dans le 7e arrondissement. L'heure est à la formation et la mode à l'hygiène de vie. Je projette donc également le lancement d'un magasin-école de 375 m² où mes « épiciers biologiques » viendront apprendre nos méthodes marketing révolutionnaires, le sens de l'accueil, du conseil, de même que les connaissances indispensables pour la vente de produits touchant à la santé.

Au contraire de ce qui sera dit par la suite, je n'ai pas repris La Vie Claire pour jouer au vautour. Comme Édouard et Michel Leclerc, les deux champions de la nouvelle grande distribution, j'entends alors développer chez les anciens « écolos » dont je deviens le patron une véritable « culture d'entreprise », avec la notion de profit qui, jusqu'à présent, ne leur a pas été enseignée.

S'il n'est pas question de reprendre le sponsoring sportif d'antan — il ne correspond pas à l'image que je recherche pour La Vie Claire — je ne songe pas moins — syndrome Tapie ! — à rentrer dans le capital de la nouvelle société anonyme à objet sportif (SAOS), qui chapeaute le club de football l'Olympique Lyonnais (OL), présidé par Jean-Michel Aulas, le patron du groupe informatique Cegid.

En avril 1992, j'ai bien commencé à réunir, dans cette perspective, un tour de table de 20 millions de francs. Mais Jean-Michel Aulas et les associés du club refusent de m'en confier la présidence. De plus, mon beau-père, Michel Noir, dont la ville subventionne l'OL à hauteur de 9 millions de francs, s'oppose fermement à mon arrivée. Cependant, au festival de Cannes, au mois de mai 1992, les photographes immortalisent une scène. Nous sommes tous en smoking : le député-maire de Cannes, mon ami Michel Mouillot est à la batterie ; mon beau-père Michel Noir au violoncelle ; le journaliste Jean-Claude Bourret à la clarinette, tandis que Jacques Martin, Ivan Levaï (directeur de la rédaction sur *France Inter*) et François Siegel (le patron de *VSD*) m'entourent, avec d'autres, dans les chœurs.

Immédiatement après avoir pris possession des postes de commande de La Vie Claire, à la fin février 1992, je donne l'ordre d'éplucher tous les comptes, de dresser un inventaire exhaustif des stocks, de contrôler tous les contrats et conventions passés avec les magasins franchisés. Je ne perds pas de vue l'incroyable « clause de jackpot » qu'a accepté de me signer le groupe Tapie, afin de pouvoir se débarrasser à tout prix de La Vie Claire. Pour moi, la ligne est toute tracée : si Tapie m'a menti, si avec La Vie Claire il m'a vendu du vent, il devra me payer... au tarif convenu. Autrement dit, plus je découvrirai de cadavres dans les placards de ma nouvelle société, plus la note sera lourde, sous forme d'indemnités exponentielles. Elles devront m'être réglées immédiatement, par l'ancien propriétaire.

Aussi, sans tarder, je lâche mes chiens de chasse — experts-comptables, huissiers et auditeurs —, partout où sont susceptibles d'être repérées des irrégularités. La moisson est fructueuse.

Enfin, le 7 mai 1992, Jean-Pierre Kuch, membre

de l'ordre national des experts-comptables et comptables agréés, me délivre son « attestation », pour valoir ce que de droit : un document implacable... que Tapie Bernard, devenu ministre, ne me pardonnera jamais d'avoir osé faire dresser. Je vais payer très cher ma volonté d'avoir tenté de lui faire rendre gorge. Il est vrai que Tapie Bernard a de bonnes raisons de m'en vouloir. Par l'application automatique du « cœfficient 4 » de notre « clause de jackpot », la note envoyée sous la plume de Jean-Pierre Kuch à Bernard Tapie Finance est particulièrement salée. Le beau Bernard se retrouve au bord de la mer Morte, bain flottant garanti... sur facture :

« La vérification des comptes de la société La Vie Claire et des sociétés affiliées, à laquelle j'ai procédé à la suite de l'acquisition par la Société Lugdunum Finance de 262 528 actions de la société La Vie Claire qui appartenait précédemment à la société Bernard Tapie Finance, m'amène à conclure de façon provisoire et incontestable que le montant de l'actif net des comptes consolidés de La Vie Claire et des sociétés affiliées est au minimum déficitaire de 35 400 464,35 francs arrêté au 31 décembre 1991. »

L'expert ajoute qu'il a présenté ces comptes au conseil d'administration de La Vie Claire, le 5 mai 1992, en lui indiquant que :

« De façon certaine, l'actif net définitivement arrêté le 31 décembre 1991 sera nécessairement déficitaire d'au moins 10 000 000 francs en plus, soit au total 45 000 000 francs environ. »

La conclusion de Jean-Pierre Kuch résonne comme les cloches de notre bonne vieille cathédrale de Fourvière à Lyon.

« En conséquence, il y a lieu de mettre en œuvre immédiatement la clause de garantie d'actif [*la “ clause de jackpot ”*] et de faire en sorte qu'à titre conservatoire le billet à ordre d'un montant de 5 millions de francs, à échéance du 31 mai 1992, ne soit pas payé, car il avait été souscrit à titre conditionnel et était subordonné à l'exactitude de la déclaration de la société Bernard Tapie Finance, s'agissant du montant de l'actif nef au 31 décembre 1991, soit, selon Bernard Tapie Finance, une somme négative d'au plus de 18 millions de francs. »

Traduisons : dûment signée par l'expert-comptable, cette attestation signale donc une situation nette négative d'au moins « 45 millions de francs » dans les comptes de La Vie Claire, dont Bernard Tapie Finance avait promis, dans le contrat de cession, qu'ils ne seraient pas déficitaires de plus de « 18 millions ». La différence (45-18) est de 27 millions de francs. Étant donné l'ampleur de ce désastre, c'est le cœfficient 4, l'échelon maximum de notre « clause de jackpot » qui peut s'appliquer. En pratique, le résultat de la multiplication tombe comme le couperet de la guillotine :

27 millions x 4 = 108 millions de francs.

C'est tout du moins ce qu'alors j'ai la naïveté de croire. Pourtant, je suis averti :

« Il n'est pas encore né le Botton qui réussira

à obtenir de Tapie Bernard le respect de ses engagements. »

Cet avertissement, combien de fois ne l'ai-je pas entendu ? Mais il n'est pas plus sourd que celui qui ne veut pas entendre.

Mes avocats s'activent : au tribunal, ils vont faire valoir que les comptes de La Vie Claire sont faux.

L'envoi d'huissiers aux quatre coins de la France, pour interroger les responsables de magasins, nous ramène une soixantaine de témoignages. Ils attestent que, anciens franchisés, ils n'ont plus aucun lien juridique avec la maison mère ; certains envisagent même des poursuites pour obtenir des dommages et intérêts. La liste des participations de La Vie Claire recèle également de curieux rossignols, comme ces 4,89 % de la SA France Gastronomie installée à Tonnerre, dans la ville de l'ancien ministre socialiste de la Justice Henri Nallet. J'apprendrai que France Gastronomie, créée en janvier 1990, en pleine guerre du Golfe, n'a alors travaillé qu'avec l'armée... pour livrer des plats cuisinés à nos soldats sur le front irakien. Que venaient faire La Vie Claire et Tapie Bernard dans la gastronomie pour fantassins en campagne ? Mystère ! D'autant que la société devra être mise en redressement judiciaire dès le 7 août 1992.

Des exemples de cette nature, nos experts en trouvent à foison. À cet égard, il faut lire le rapport d'audit. Les conclusions sont édifiantes :

« D'une manière générale, le suivi juridique et administratif des sociétés du groupe nous semble avoir été exécuté de façon imparfaite et comporte de graves lacunes. »

En dix-huit pages, les auditeurs passent au crible les statuts, les comptes sociaux, les obligations des dirigeants, les contrats, les marques et brevets, les relations individuelles et collectives de travail.

Ce qu'ils relatent relève plus de la flibusterie que du droit des affaires et de la gestion « en bon père de famille », l'expression même figurant dans le contrat de cession que j'ai signé avec Bernard Tapie Finance. Brève revue de détail :

- **Les comptes annuels ?**

« Nos investigations, écrivent-ils, nous ont amené à constater que (...) les comptes annuels de certaines sociétés de votre groupe n'avaient pas été déposés auprès du greffe du tribunal de commerce compétent. Il y a lieu de préciser que l'omission de cette formalité est sanctionnée pénalement. Les sociétés et exercices concernés sont les suivants :

Point Nature	exercice 1989,
La Vie Claire Gestion	exercices 1988 et 1989,
Ferme Saint-André	exercices 1989 et 1990,
Arbre de vie	exercices 1985, 1986, 1987, 1988, 1989 et 1990,
Arche de vie	exercices 1983, 1984, 1985, 1986, 1987, 1988 et 1989,
La Vie Claire	exercices 1988, 1989 et 1990.

» En ce qui concerne plus particulièrement la société ARBRE DE VIE, ses comptes sociaux n'ont été ni établis ni déposés. »

Préjudice estimé : « 722 550 francs », auxquels « il convient d'ajouter... le montant des impôts et taxes que l'Administration fiscale pourrait exiger, compte tenu de l'absence d'établissement des comptes de la société ARBRE DE VIE. »

• Les capitaux propres ?

Dans La Vie Claire et ses filiales Point Nature, La Vie Claire Gestion et la Ferme Saint-André (en liquidation), ceux-ci sont inférieurs à la moitié du capital social. Or, cette fois encore, l'obligation légale de le déclarer n'a pas été respectée. Infraction pénale... et nouveau préjudice financier de 406 800 francs. Pour la Ferme Saint-André, « aucune assemblée n'a été appelée à statuer sur la dissolution de la société (...), bien que les comptes des exercices clos le 31 décembre 1987, 31 décembre 1988, 31 décembre 1989 et 31 décembre 1990 aient [*comme dans les autres filiales citées*] présenté des capitaux propres inférieurs à la moitié du capital social ».

• Les obligations des dirigeants sociaux ?

« Nous avons contrôlé le respect (...) de l'obligation d'existence et de conformité des documents sociaux permanents, tels que les registres.

» Les sociétés La Vie Claire et Point Nature sont dépourvues de registres titres (...).

» Les sociétés La Vie Claire Gestion, la Ferme Saint-André, Arbre de Vie et Arche de Vie ne disposent pas de registres de procès-verbaux de leurs assemblées générales. Une nouvelle fois, il s'agit là d'une incrimination pénale (...). »

Toutefois, les auditeurs se veulent bon enfant :

« Nous avons retiré de nos observations mentionnées aux paragraphes 2 et 3 ci-dessus, qu'un nombre important d'infractions pénales avaient été commises par l'ancienne direction. »

Mais les experts précisent :

« De telles irrégularités présentent un caractère certain de gravité et caractérisent un manque de rigueur juridique déplorable. »

• Les contrats ?

Nous voici au cœur du sujet. Les deux auditeurs ont envoyé à chacun des « franchisés » un questionnaire portant sur les aspects commerciaux et techniques de leurs liens réels avec la maison mère dont je viens d'hériter. Ils se sont plus particulièrement intéressés aux relations de La Vie Claire et de Point Nature avec leurs franchisés.

« D'une manière générale, concluent-ils après dépouillement, nous avons relevé que certaines des obligations contractuelles à votre charge, en qualité de franchiseur, n'étaient que partiellement voire pas du tout respectées (...). Ces différentes inexécutions contractuelles constituent à notre avis des sources de différends avec les franchisés. Selon l'ampleur et la fréquence de ces inexécutions

(...) la qualification de contrat de franchise pourrait être remise en cause (...). Bien qu'il soit difficile de valoriser le préjudice consécutif au dysfonctionnement de ce réseau, ce dernier constituant un des principaux postes de l'actif des sociétés concernées, son mauvais entretien compromet l'estimation qui en avait été faite, ainsi que sa survie elle-même. »

Des témoignages, recueillis par « sommation interpellative » d'huissiers de justice, sont sans appel :

À Montargis, le gérant en franchise de la SARL Cachou La Vie Claire répond :

« Je rappelle que je suis titulaire d'un contrat d'exclusivité sur Montargis et qu'il existe un autre point de vente sur cette ville ; de plus, j'ai appris que malgré les affirmations de ce concurrent, ce dernier vendait également des produits frais. »

À Villeurbanne, la gérante libre du magasin Vie Claire a « beaucoup de déceptions » quant aux engagements non tenus :

« Aucune assistance (...) », déclare-t-elle.

À Creil, notre franchisé dénonce une « publicité inexistante », un chiffre d'affaires et une marge bénéficiaire anormalement bas.

À Paris, dans le 5e arrondissement, la gérante a « perdu beaucoup d'argent ». Elle proteste elle aussi contre l'absence de publicité et de formation. Comme tant d'autres elle n'est liée par aucun « lien réel » avec la maison mère :

« Qu'ils me rendent ce qu'ils m'ont pris, ajoute-t-elle. Je ne gagne rien. »

Même écho furibard dans le 13ᵉ arrondissement :

« Nul... nul... inexistant. Nous ne sommes bons qu'à payer... Je me prive de tout... J'ai emprunté des sommes énormes... »

À Bourges, le son de cloche rejoint celui de Montpellier :

« La Vie Claire a eu un comportement déloyal ; les produits Vie Claire ont été vendus dans les grandes surfaces (...). Un deuxième magasin Vie Claire a été créé à Montpellier, sans que j'en sois averti. À la suite de ces incidents, mes réclamations sont restées sans effet... »

Non loin de là, à Tarbes, « La Vie Claire n'a pas respecté ses engagements contractuels ».

À Toulon, une procédure judiciaire est entre les mains d'un avocat, Mᵉ Mattei, en raison de l' « ouverture d'un troisième magasin... dans l'illégalité. »

Le constat établi à Châtellerault est encore une fois accablant :

« Dans l'ensemble, La Vie Claire n'a pas respecté ses engagements. Assistance : néant. Formation : néant. Publicité : néant. Animation : néant. »

• **Les marques.**

Les experts ont, cette fois aussi, procédé à un « examen des marques déposées au nom de la société La Vie Claire, par référence à la liste [*de celles-ci*] annexée à la convention de garantie [*notre fameuse* “ *clause de jackpot* ”] » du 20 février 1992.

Ils comparent cette liste établie par Bernard Tapie Finance avec les marques relevées, recensées officiellement par l'Institut national de la propriété industrielle. Bonjour tristesse ! Les erreurs, lacunes, omissions, absence d'enregistrement, etc., occupent neuf pages. Je compte notamment « 15 marques non enregistrées », dans La Vie Claire. De même, dans la liste des « marques internationales », seules La Vie Claire et Maison de La Vie Claire ont été réellement étendues à l'étranger. Mais les experts n'ont pas trouvé trace des « certificats d'enregistrement de ces marques » et, de ce fait, ils ne peuvent « en apprécier la régularité ».

En outre, la marque Ligne de Vie a été déposée le 30 septembre 1991 « en méconnaissance des droits des tiers ». Les auditeurs tirent la sonnette d'alarme. En douce, Tapie Bernard n'a pas pu s'empêcher de profiter d'un brave quidam qui, maintenant, est susceptible de se retourner contre moi. Selon les experts :

« Elle [*la marque Ligne de Vie*] fait l'objet d'un premier dépôt le 2 mars 1982 par Monsieur Bernard Tapie (n° d'enregistrement 16359) et a été étendue à l'étranger (n° 473578). Par acte sous seing privé, en date du 14 juin 1990, Monsieur Bernard Tapie a cédé la propriété de la marque Ligne de Vie (marque française et internationale) à la société JID dont le siège est à Paris - 112, avenue Victor-Hugo, lequel acte a été publié au Registre national des marques le 10 septembre 1990. Or, la marque Ligne de Vie a fait l'objet d'un [*nouveau*] dépôt par la société La Vie Claire le 30 septembre

1991 et, ainsi, contrefait la marque de la société JID. Sous les mêmes réserves précédemment énoncées, il existe un risque d'action en contrefaçon à l'encontre de la société La Vie Claire. Il convient d'ajouter que Monsieur Bouju, conseil de la société JID, avait demandé, par un courrier en date du 19 décembre 1991, que la société La Vie Claire retire purement et simplement sa demande d'enregistrement. La contrefaçon est un délit pénal et est sanctionnée par les articles 422 et suivants du code pénal (amende de 6 000 à 120 000 francs). La contrefaçon peut entraîner également des sanctions civiles et, notamment, l'attribution de dommages-intérêts. Dans cette hypothèse, l'évaluation du préjudice sera basée sur le manque à gagner de la victime ou la totalité des bénéfices réalisés par le contrefacteur. Aussi, la société La Vie Claire risque d'avoir à verser une somme considérable au titre de dommages-intérêts si elle est actionnée en contrefaçon. Pour le cas de la marque Ligne de Vie, les juges pourraient être d'autant plus sévères que la société La Vie Claire a déposé la marque alors que le tiers propriétaire lui avait fait défense de le faire. Néanmoins, il faut savoir que le délit de contrefaçon est établi du seul fait de la reproduction de la marque d'autrui, indépendamment de toute intention frauduleuse. »

Ce sont tous ces documents comptables, expertises, témoignages recueillis aux quatre coins du territoire par je ne sais plus combien d'huissiers de justice, ayant statut d'officiers ministériels que, le 11 mai 1992 [1], je tente en vain de présenter à Tapie Bernard, dans son bureau ministériel. À défaut de pouvoir m'y faire entendre... et pour répondre à sa rafale de menaces, je vais les communiquer à la justice. À charge pour celle-ci d'en juger : l'heure a sonné de faire jouer mon extraordinaire « garantie de jackpot ».

Jamais Tapie Bernard ne me le pardonnera. Ma descente aux enfers va bientôt commencer.

Adieu Botton !

Vive Tapie !

Voici « Nanard », alias « Monsieur Bernard »...

1. Cf. *supra* : « Botton, tu es mort », pp. 19 à 29.

Pour “ Nanard ”, le fisc est toujours prêt

Au point où nous sommes rendus du récit de mes mésaventures, il me faut prier le lecteur de bien s'accrocher à la rambarde du bateau ivre dont j'ai tout fait pour devenir le capitaine.

Mer forte !

Ébloui par les feux de la rampe en permanence braqués sur moi, par les articles laudateurs célébrant mon entrée dans le monde des PDG qui comptent, je n'entrevois pas que Tapie Bernard a déjà tout manigancé pour m'empêcher d'utiliser les résultats des investigations des experts-comptables et auditeurs chargés par moi de dresser le bilan de santé de La Vie Claire.

Tandis que j'ai le sentiment de triompher, d'être celui qui, pour la première fois, obligera Tapie à mettre le genou à terre, je ne prête pas attention, outre mesure, au sérieux avis de tempête qui m'arrive de la tristement célèbre DGI, la Direction générale des Impôts.

Le mardi 25 février 1992, une lettre recommandée avec accusé de réception nous parvient 70, avenue de la République à Maisons-Alfort, le siège social de La Vie Claire. Dans cette enveloppe surprise, un formulaire (« n° 3927 ») nous est gentiment adressé par une demoiselle X., inspectrice-vérificatrice des impôts de son état. Ainsi, cinq jours à peine après mon acquisition de La Vie Claire et mon arrivée dans les murs de la société que vient de me céder Tapie Bernard, le fisc m'envoie un faire-part de bienvenue ainsi libellé :

« *DIRECTION GÉNÉRALE DES IMPÔTS*

AVIS DE VÉRIFICATION DE COMPTABILITÉ (...)

Le 18 février 1992

Monsieur,

J'ai l'honneur de vous faire connaître que je me présenterai à votre Établissement, sis à Maisons-Alfort, le Lundi 09 mars 1992, à 10 heures, en vue de vérifier :

— l'ensemble de vos déclarations fiscales ou opérations susceptibles d'être examinées et portant sur la période du 01/01/89 au 31/12/90,

— les déclarations fiscales relatives aux impôts, droits ou taxes désignés ci-après et portant sur les périodes suivantes : droits d'enregistrement et assimilés dans la limite des prescritions des articles L 180 à L 186 du livre des procédures fiscales. (...)

Je vous prie de trouver ci-joint, pour votre information, un exemplaire de la Charte des droits et obligations du contribuable vérifié.

Je pourrai vous donner toutes précisions sur la conduite de cette vérification.

Les difficultés relatives au déroulement et à la conclusion de cette vérification pourront, si vous le souhaitez, être examinées par Mr P. directeur départemental adjoint chef de la Ve Brigade.

Si ces difficultés persistent, vous pourrez vous adresser à Mr ... directeur départemental à la Direction des Vérifications Nationales et Internationales, chargé par le Directeur d'étudier personnellement les problèmes rencontrés par les contribuables à l'occasion des vérifications.

L'inspecteur des impôts
Nom du vérificateur : Mlle X.

À partir de cet instant... et jusqu'au terme de mon voyage au bout de l'enfer Tapie, le fisc et ses contrôleurs ne me lâcheront plus. Manifestement, leur jeu ne consiste pas à chercher la petite bête dans les comptes de La Vie Claire. La manœuvre semble plus perfide.

Quand, le 9 mars 1992, je reçois l'inspectrice X., je suis interloqué par sa prévenance, son ton accommodant, badin, si rares dans la terrible administration fiscale. Cette attitude tranche singulièrement avec son style « baba-cool » qui fait ressembler cette petite bonne femme à une militante trotskiste. J'ai, en face de moi, une Arlette Laguiller passée à l'attendrisseur. De plus, la demoiselle me dit souhaiter exécuter sa mission à la vitesse d'une championne olympique du cent mètres haies :

« Tout doit être bouclé pour la fin juin, me prévient-elle.

— Mais comment, madame, vous ne vous rendez pas compte de l'ampleur de la tâche. La Vie Claire compte 14 filiales et réalise quelque 140 millions de francs de chiffre d'affaires. Vous n'êtes pas dans une PME. De plus, je viens d'en prendre le contrôle il y a tout juste cinq jours. Les comptes ne sont pas encore audités. Laissez-moi un peu de temps.

— Ce n'est pas mon problème. Vos affaires ne me regardent pas. De toute façon, ici tout est sur ordinateur. Je vais pouvoir aller très vite.

— Vous êtes bien optimiste, madame. Dans une autre de mes sociétés, j'ai été contrôlé l'année dernière. Pour un chiffre d'affaires d'à peine une dizaine de millions de francs, vos collègues ne m'ont pas laissé de répit pendant neuf mois ! Et puis, d'après ce que j'ai entrevu dans les comptes de La Vie Claire, j'aurai vraisemblablement d'utiles informations à vous communiquer ultérieurement, quand nous en aurons fini avec nos propres contrôles.

— Je ne vous demande rien. J'ai mon programme et je m'y tiendrai. »

Vieux routier des contrôles fiscaux — j'en ai déjà vécu plusieurs dans mes différentes sociétés —, ce dialogue me laisse perplexe. Que cache cette étrange façon de procéder ? Je ne remarquerai que bien plus tard — trop tard ! — une bizarrerie qui, d'emblée, aurait dû me mettre la puce à l'oreille. L'empressée fonctionnaire des Impôts ne vient pas du centre de Maisons-Alfort, où siège La Vie Claire. Délicate attention de la part de son administration, elle m'est directement dépêchée par la puissante Direction des vérifications nationales et internationales (DVNI). Traitement de faveur ! Me voilà dans la ligne de mire du service spécialisé dans le gros gibier. Est-ce à dire que les agents locaux des Impôts — ceux de Maisons-Alfort — ne sont pas capables de contrôler les comptes de ma nouvelle société ?

Le déclenchement d'un contrôle fiscal, le 18 février 1992, deux jours exactement avant que le groupe Tapie et moi-même apposions nos signatures sur l'acte de cession de La Vie Claire, peut difficilement passer pour le simple fait du hasard. Le service d'origine de l'inspectrice-vérificatrice X., son empressement à mener ses investigations tambour battant, la concomitance des dates..., tout cela ressemble fort à un coup monté. Je deviens soupçonneux. L'administration des Impôts serait-elle utilisée, de cette manière, à des fins privées ? Comment ne pas se poser la question ? Autour de moi, les amis s'agitent. On me rapporte — mais comment vérifier ? — que d'autres sociétés revendues par Tapie Bernard ont bénéficié de la même curiosité du fisc. Vrai ou faux ?

Un exemple : revendue le 1er octobre 1989 au Suisse Pierre-Alain Blum par le groupe Tapie, la filiale de fixations de skis Look a déjà connu le même sort. Tapie étant en conflit avec le nouveau propriétaire à propos de l'établissement des comptes de l'exercice 1989, le hasard — qui fait toujours bien les choses — veut que, le 6 février 1990, un contrôle soit déclenché chez Look. Il se terminera le 22 octobre suivant... au terme d'un contrôle au pas de charge. Chez Look, comme à La Vie Claire, tout se passe comme si le fisc était mis à contribution pour valider par ses vérifications les comptes passablement embrouillés de sociétés en état de quasi-faillite. Les fonctionnaires des Impôts s'appliquent à redresser ici et là les frais généraux et à corriger quelques postes. Routine. Ils ne relèvent pas la mauvaise foi de l'ancienne direction et les erreurs manifestes dans des comptes et bilans pourtant maquillés comme des voitures volées !

Ces contrôles providentiels du fisc interviendraient-ils pour donner à Tapie Bernard la plus solide des cautions ?

Allez donc ensuite contester devant les tribunaux l'exactitude de ses écritures dans ses anciennes sociétés !

À l'inverse, comme je le découvrirai bientôt dans les archives de La Vie Claire, le fisc de l'ère socialiste sait également, quand il le faut, se montrer particulièrement indulgent à l'égard du sieur Tapie Bernard. Sur ce terrain, le futur ministre est un fraudeur fiscal qui marie, avec bonheur, deux qualités primordiales : son professionnalisme et une parfaite impunité. Les documents que je découvre dans La Vie Claire me laissent les bras ballants. Du coup je dois appeler à la rescousse les meilleurs spécialistes pour qu'ils m'aident à comprendre ce qui, pour moi, relève de la prestidigitation.

La place me manque ici pour reproduire, détaillée, l'ampleur des redressements infligés à l'ancienne direction de La Vie Claire, bien avant mon arrivée, sans que celle-ci se soit vue déférée devant les tribunaux pour fraude fiscale caractérisée. Ainsi, en 1985, la même DVNI — la Direction des vérifications nationales et internationales — notifie des redressements à la CEVIC (le 25 avril) et le 4 octobre à la SFAS (Société française d'alimentation saine), les deux sociétés holdings de la galaxie Vie Claire qui fusionneront ensuite. Leurs notifications de redressement remplissent des dizaines de pages. Une littérature qui me donne le tournis. Les limiers du fisc ont débusqué toute une panoplie d'infractions... pour lesquelles le Parquet, les tribunaux, ne seront jamais saisis. Et pourtant !

Je retrouve là tous les grands classiques de Tapie Bernard, ceux qui demain, bientôt, feront sa gloire. J'apprends ainsi, en avant-première, comment l'escobar[1] de François Mitterrand fait supporter depuis toujours, par ses sociétés, son train de vie de milliardaire à crédit :

1. Escobar : « homme hypocrite qui résout adroitement et au mieux de ses intérêts les cas de conscience les plus délicats » (*Le Petit Robert*) : par référence au nom d'un père jésuite, casuiste, du XVIIe siècle.

- factures « Bernard Tapie Aviation », la filiale qui gère son jet privé ;
- frais pour limousines de luxe, Mercedes et autres BMW ;
- ponctions de la SA « Groupe Bernard Tapie » et menus prélèvements en tout genre.

Tapie Bernard n'a pas son pareil, avec ses sociétés, quand il s'agit de les plumer comme la volaille et d'y mettre les petits plats dans les grands...

Cependant, le plus piquant reste à venir. Je ne vais pas tarder à découvrir, dans les archives de La Vie Claire, les secrets de l'amiral Tapie pour naviguer aux frais de la princesse sur toutes les mers du globe.

Les dérives du bateau amiral le “ Phocéa ”

Dans le relevé des fraudes découvertes par le fisc à la CEVIC et à la SFAS (les sociétés holdings de La Vie Claire), je remarque une entourloupe d'anthologie. Elle est digne de figurer dans le grand bêtisier des Impôts. L'inspecteur de l'époque a mis la main sur une exotique facture de 1,4 million de francs-pacifiques, soit 77 099 de nos francs métropolitains, émise le 15 octobre 1983 par la société EREMM de Papeete, en Polynésie française. Elle concerne des « frais d'étude et la réalisation de deux prototypes de machines à décortiquer les noix de coco ».

Là, je tire mon chapeau.

Salut l'artiste !

Dans ce registre, jamais Botton ne pourra dépasser « Nanard ». Foisonnante en matière de justifications de frais généraux — comme nous le verrons plus loin —, mon imagination n'est pas de taille à rivaliser avec les géniales inventions du sublime Tapie.

Ce que je révèle ici n'est d'ailleurs qu'amusantes anecdotes, au regard du reste. Pour moins que cela, dans quelque temps, j'irai plusieurs mois en prison.

Alors que dire des stratagèmes fiscaux utilisés par Tapie Bernard, jusqu'il y a encore quelques mois, pour s'offrir, aux frais de ses sociétés, son yacht de nabab, le *Phocéa*. Car déjà, dans leurs vérifications des sociétés de tête de La Vie Claire, en 1984-1985, les inspecteurs du fisc sont tombés sur ce paquebot à voile de quatre mâts et soixante-dix mètres de long racheté par Tapie à la veuve du navigateur Alain Colas. L'astuce ? Un « contrat de parrainage sportif » entre La Vie Claire et le *Phocéa*. Il suscite un long développement de l'inspecteur-vérificateur et de graves observations.

Le fonctionnaire commence par rejeter, entre autres, des factures présentées par la Société en nom collectif (SNC) Tapie and Co. Elles « ne peuvent être admises, ajoute-t-il, celles-ci concernant le déplacement en Polynésie de neuf personnes dans le cadre de " l'étude et du financement du voilier La Vie Claire " ; ce voyage a été effectué en juillet 1982. Or, les sommes correspondantes doivent être exclues des charges pour les motifs suivants :

• » le contrat d'exclusivité du voilier " La Vie Claire " a été signé à Paris, le 01.07.1982 ;

• » au surplus, aucun document justifiant la réalité du voyage et l'identité des personnes intéressées (billets d'avion notamment) n'a été présenté au vérificateur ».

En conséquence, celui-ci réintègre dans les comptes de la société contrôlée les 180 200 francs que Tapie Bernard lui a imputés pour ne pas avoir à les payer lui-même.

La suite n'est pas moins attrayante. L'inspecteur-vérificateur débusque, sans le dire vraiment, un abus de bien social caractérisé :

« En application d'un contrat en date du 1er juillet 1982, la société CEVIC s'est engagée à favoriser les projets sportifs de la Société Alain Colas, moyennant l'obligation, pour cette dernière, d'assurer la publicité de la marque La Vie Claire : il s'agit d'un contrat de " sponsoring ", dit aussi de " parrainage sportif ". »

L'inspecteur du fisc procède ensuite à un historique des aventures maritimes de l'amiral Tapie lors de ses balades sous les cocotiers :

« La Société Alain Colas (dont CEVIC détient 99,95 % des actions) est propriétaire d'un voilier de 4 mâts et souhaite participer à des courses en mer et tenter de réaliser des exploits sportifs. Cette société a son siège à Papeete, île de Tahiti (Polynésie française). L'article 1 du contrat prévoit que le sponsorisé (la SA Alain Colas) baptisera le bâtiment du nom de La Vie Claire et prendra notamment le départ, sur ce bateau, pour tenter de battre le record de la traversée de l'Atlantique nord. Ces deux obligations ont été exécutées. Le contrat, dont la durée initialement prévue était de 2 années à compter du 1er juillet 1982, a été suspendu le 30 septembre 1983 (soit après 15 mois) car à cette date (et depuis plusieurs mois), le bateau était immobilisé dans un chantier naval français. (À la connaissance du vérificateur, le bateau n'a participé à aucune autre course que la traversée de l'Atlantique nord, fin février début mars 1983). Les sommes versées par CEVIC se sont élevées à :

- 3 000 000 F du 01.07.1982 au 31.12.1982 ;
- 4 500 000 F du 01.01.1983 au 30.09.1983 ;
- soit au total : 7 500 000 F. »

Tous ces millions sont ponctionnés dans les caisses de La Vie Claire, dont je rappelle que Tapie l'a rachetée pour 1 franc, et que, en difficulté sérieuse, elle n'a que faire d'un quatre-mâts de milliardaire aménagé non pour des courses, mais pour les menus loisirs de Tapie Bernard, ses obligés et sa basse-cour. D'ailleurs, l'inspecteur du fisc n'est pas dupe. Il s'étonne de l'ampleur des fonds consacrés par La Vie Claire au palace flottant qui, maintenant — et avant de devenir plus commodément le *Phocéa* —, porte son nom :

« De tels versements, écrit l'agent du fisc, sont notoirement excessifs, eu égard aux considérations suivantes :

- le contrat est entré en vigueur le 1er juillet 1982 et il a été suspendu le 30 septembre 1983 ; au cours des 15 mois qui se sont ainsi écoulés, le bateau n'a participé qu'à une seule " course " ;
- le sponsor (CEVIC) n'a fixé aucun programme de compétition ou de courses auxquelles le bateau aurait dû participer ;
- une grande partie des sommes versées par CEVIC ont permis à la SA Alain Colas d'entreprendre un important programme de modifica-

tions des structures du bateau. Ce qui dépasse le cadre de sa remise en état et de sa préparation pour sa tentative de battre le record de traversée de l'Atlantique nord (tel que stipulé dans le contrat), ainsi que ses frais occasionnés par la course proprement dite, jusqu'à l'arrivée du bateau en France ;

• les sommes versées excèdent très nettement celles qui sont habituellement allouées aux sponsorisés pour participer à de telles épreuves. »

En conclusion, l'inspecteur C. est formel :

« Pour ces motifs, les frais de parrainage sportif supportés par la Société CEVIC dans le cadre de son contrat avec la Société Alain Colas ne peuvent être raisonnablement admis que dans la limite de 2000000 F, à répartir sur les exercices 1982 et 1983. »

Le fonctionnaire de la DGI n'oublie pas de présenter la facture : un rehaussement de 2,2 millions de francs, pour l'année 1982 ; et un second de 3,3 millions pour 1983.

Ardoise totale : un redressement de 5,5 millions de francs.

Est-ce à dire que Tapie Bernard va se retrouver, comme Pierre Botton en 1992, poursuivi pénalement à la demande du ministre du Budget, pour « abus de biens sociaux » ? Et renvoyé, manu militari, devant le tribunal correctionnel, non sans avoir goûté, comme moi, au confort des geôles de la République ? En effet, Tapie Bernard ne finance pas, sur sa cassette personnelle, ses joyeuses activités nautiques et croisières de nouveau riche. Il fait payer la rénovation de sa petite unité navale (le plus long voilier de plaisance du monde !) par des sociétés à bout de souffle qui ne doivent leur salut qu'au soutien sans faille, sans limite, de la SDBO et de sa maison mère, le Crédit Lyonnais.

En 1982-1983, à l'époque rose du socialisme pur et dur, marxiste et anti-capitaliste — aux Finances, Jacques Delors est alors le ministre de tutelle du Crédit Lyonnais nationalisé ! —, le contribuable français est à cent lieues de se douter que les fonds d'une grande entreprise publique, de la première banque française, servent, entre autres, à financer le train de vie délirant d'un « chevalier d'industrie » dont le pedigree occupe déjà plusieurs pages, depuis plusieurs années, dans les archives des Renseignements généraux et de la Direction générale des Impôts. Ce qui ne l'empêche pas aujourd'hui de briguer des mandats publics et même d'exercer, à deux reprises, des responsabilités gouvernementales, le président Mitterrand ne cessant de célébrer son formidable « esprit d'entreprise ».

Si la CEVIC — c'est-à-dire La Vie Claire — sera effectivement redressée de ces 5,5 millions de francs en 1985, le responsable de ces infractions, Tapie Bernard, échappera comme d'habitude et pendant plusieurs années encore, aux foudres de la justice. Vaille que vaille, il continuera son manège, jusqu'en 1993, date du retour de la droite au pouvoir. C'est seulement une fois les socialistes battus que le nouveau ministre du Budget, Nicolas Sarkozy, se décidera à laisser la loi s'appliquer. Il ne s'opposera plus à la volonté de son administration, de la DGI, qui depuis des lustres entendait poursuivre en justice les délits fiscaux et les abus de biens sociaux engendrés par le frauduleux financement du *Phocéa.* Instruction confiée, à Paris, au juge Éva Joly... qui traite également le contentieux Tapie-Crédit Lyonnais, encore plus scandaleux.

La mansuétude dont Tapie Bernard a longtemps bénéficié du côté de la Direction générale des Impôts et des ministres socialistes des Finances et du Budget confine doublement à la complicité et à l'« association de malfaiteurs » pour reprendre l'expression de Jean Montaldo dans son dernier livre *Mitterrand et les 40 voleurs* [1]... Sans avoir été démenti ou poursuivi ni par Tapie Bernard, ni par l'ancien ministre du Budget Emmanuelli Henri (en poste à l'époque des faits ici relatés), ni par l'un quelconque des acteurs cités dans ce livre, vendu à quelque 800 000 exemplaires, Jean Montaldo y explique que, « pendant toutes ces années, les dirigeants du fisc n'ont pas été écoutés. Bien plus, leurs ministres de tutelle les ont bloqués, pour protéger Tapie Bernard, avec les résultats que l'on sait. Lui n'a fait qu'empocher et dépenser ».

« Tapie, écrit Montaldo, doit plus à Mitterrand

1. Éditions Albin Michel, 1994, pp. 127 à 139.

qu'à sa bonne étoile. Que lui serait-il arrivé, que serait-il advenu s'il n'avait bénéficié, depuis tant d'années, des hautes protections de l'Élysée ? »

Ainsi, dans une fiche d'information de sept pages, le 1er août 1984 — peu avant que ses agents aillent vérifier les comptes de La Vie Claire (les sociétés SFAS et CEVIC) — le directeur général adjoint des Impôts Jean Roché saisit le secrétaire d'État chargé du Budget, Emmanuelli Henri, et son conseiller technique Mallieu-Lassus. Objet : situation fiscale de la galaxie Bernard Tapie. Très détaillé, son rapport, évoqué par Montaldo, « passe en revue la composition du groupe Tapie, son évolution, les conditions de reprise de plusieurs entreprises pour des sommes symboliques, la situation personnelle de Bernard Tapie au regard de ses propres obligations fiscales ».

Le service du contrôle et du recouvrement des impôts note que « historiquement, le groupe s'est véritablement développé à compter de fin 1981 et courant 1982 et 1983 ». Juste après l'arrivée de la gauche au pouvoir.

Déjà, dans cette étude de l'été 1984, les agents du fisc redoutent la débandade du groupe Tapie. Celle finalement, inévitablement constatée en 1994. Le directeur général adjoint, Jean Roché, prévient :

« Cette situation laisse entrevoir la fragilité du groupe, dont les fleurons (Terraillon, Testut, Look) sont toujours soit en règlement judiciaire, soit dans une situation financière précaire. Il n'est pas certain que l'ensemble du groupe résiste à la déconfiture de l'un de ses éléments. »

Ce 1er août 1984, le même directeur conclut, à l'intention de son ministre :

« En outre, il convient de constater que M. Bernard Tapie, nonobstant le contrôle auquel il a été soumis, n'a pas toujours respecté ses obligations fiscales dans les délais normalement impartis aux contribuables : les déclarations au titre des revenus perçus en 1981 et 1982 sont parvenues au service en septembre 1982 et décembre 1983 après l'envoi de deux mises en demeure. De plus, l'examen des déclarations déposées fait apparaître certaines incohérences eu égard notamment au train de vie du contribuable et à l'activité qu'il développe dans plusieurs sociétés. En outre, ses revenus sont intégralement déclarés dans la catégorie des bénéfices industriels et commerciaux comme provenant de la répartition des résultats d'une société en nom collectif, alors que la holding du groupe avait la forme anonyme jusqu'en juillet 1982. L'ensemble de ces éléments, incohérences au niveau des déclarations de M. Tapie, opérations financières contestables de sociétés, justifie qu'une vérification fiscale approfondie soit envisagée, intégrant outre l'intervention de la Direction des vérifications nationales et internationales, dont les investigations ont déjà commencé dans la holding et sont programmées dans la SFAS [*la Société française d'alimentation saine, principale entreprise des magasins diététiques La Vie Claire*], l'action de la Direction nationale d'enquêtes fiscales pour la recherche de renseignements et celle de la Direction nationale des vérifications de situation fiscale pour l'examen des revenus perçus par M. Bernard Tapie et sa concubine, ainsi qu'éventuellement ceux de ses proches collaborateurs. Ces opérations devraient être engagées au début de 1985, sauf avis contraire du ministre. »

Emmanuelli Henri est alors au Budget. Et Pierre Bérégovoy est son patron, rue de Rivoli, à l'Économie et aux Finances. À Matignon, le premier ministre Laurent Fabius suit également le dossier.

Quelle va être la réaction du ministre du Budget Emmanuelli Henri, actuel premier secrétaire du Parti socialiste, face à cette « vérification fiscale approfondie » que son administration réclame pour les comptes de Tapie Bernard ? Son cabinet ne veut rien entreprendre qui puisse mettre en péril le futur élu et ministre de la majorité mitterrandiste. Instruction est donnée... d'attendre. C'est bien ce qui ressort, explicitement, de la « Note pour M. Saint-Geours » rédigée le 7 août 1984, par Alain Font, proche collaborateur du secrétaire d'État Henri Emmanuelli.

Comme le relève Montaldo, « le cabinet d'Henri Emmanuelli oppose à la DGI une fin de non-recevoir en bonne et due forme, non sans oublier d'ouvrir le parapluie cher à Laurent Fabius ». On suggère seulement de mettre « Matignon » au parfum :

« Il est évident, écrit Alain Font à son collègue socialiste Frédéric Saint-Geours — aujourd'hui devenu l'un des grands patrons du très capitaliste groupe Peugeot ! — que M. Tapie et son « look » appellent des suspicions de la part d'administrations rigoureuses comme la DGI. Toutefois, je suis sceptique sur l'appréciation portée par le SCR [*Service du contrôle et du recouvrement*] sur la « surface » du groupe et sa solidité. La note adressée laisse penser que le groupe BT [*Bernard Tapie*] est une coquille vide. Je n'en suis pas aussi sûr. Testut, Terraillon, Look, Tranchant Électronique, sont des sociétés qui tournent [*sic*]. Par ailleurs, il est vrai que le comportement fiscal de M. Tapie a été critiquable et que les déclarations 1981 et 1982 ont été déposées avec retard en 1983. Cela dit, M. Tapie s'était engagé à régulariser sa situation à l'occasion du règlement de ses contrôles antérieurs intervenus fin 1983. Il a donc respecté son engagement. Je me demande s'il est opportun d'engager à nouveau des contrôles alors que l'intéressé a été déjà contrôlé à deux reprises pour l'ensemble de la période 1973 à 1979. Je suis plutôt enclin à patienter jusqu'à fin 1986 pour juger à ce moment du respect des engagements de moralité fiscale que M. Tapie a pris en 1984 et aviser en conséquence. Je suggère d'en informer Matignon. »

Ces engagements, ont sait maintenant ce que Tapie Bernard va en faire. Pendant toutes les années qui vont suivre il n'aura de cesse de jongler avec les milliards du Crédit Lyonnais, de payer le fisc avec des poignées de cerises... tout en se pavanant sur le *Phocéa* rénové aux frais de La Vie Claire.

Quand je comparaîtrai devant lui, le juge d'instruction Philippe Courroye aura connaissance de ces éléments. Ils figurent tous dans le dossier, aux cotes 1088 à 1115, celles contenant ce que j'ai découvert en devenant, le 20 février 1992, après Tapie Bernard, le propriétaire de La Vie Claire.

Opération tiroir-caisse

Ajoutée aux actions judiciaires que j'ai démarrées, cette masse de documents, déterrée dans La Vie Claire par mes collaborateurs, inquiète au plus haut point Tapie Bernard et Élie Fellous qui l'a remplacé à la présidence de BTF, depuis son entrée au gouvernement, le 2 avril 1992. Le nouveau ministre de la Ville a beau jouer les matamores, lorsque le 11 mai il me reçoit boulevard Saint-Germain, puis encore au téléphone le 29 mai, il n'en sait pas moins, au fond de lui-même, que mon dossier est en béton armé et que, si je fais jouer la « clause de jackpot » jusqu'au bout, mes procédures seront dévastatrices.

Tapie Bernard ignore-t-il que, dès le 7 mai 1992, le tribunal de grand instance de Créteil a fait droit à ma requête de ne pas payer à son groupe BTF les 5 millions de francs du billet à ordre que je dois lui régler le 31 mai ?

Cette première décision de justice montre déjà le bien-fondé des 68 millions de francs de pénalités que, en guise de hors-d'œuvre, je réclame au groupe Tapie, en raison des sinistres découverts par les experts dans les comptes de La Vie Claire.

Même nommé ministre, Tapie n'est pas dans une posture confortable. Il a une échéance de 700 millions de francs à régler pour Adidas, en juillet 1992. De plus, ses démêlés judiciaires avec le député RPR Georges Tranchant, à propos de leur ancienne société NAVS (Nippon Audio Video System), revendue à Toshiba, prennent une tournure alarmante devant le juge d'instruction Édith Boizette du tribunal de Paris. Bientôt, le 23 mai 1992, Tapie va, à cause de ce dossier, devoir abandonner son fauteuil ministériel pour aller se faire inculper (le 27 mai) de recel et complicité d'abus de biens sociaux. Georges Tranchant exploitera ces poursuites pénales pour se faire rembourser ces millions que Tapie avait eu la gentillesse de lui soutirer.

Maintenant, avec Tapie, depuis ses menaçantes fins de non-recevoir, les ponts sont complètement rompus. Seuls les tribunaux pourront nous départager. Sur le terrain judiciaire, ma contre-offensive est foudroyante. Coup sur coup, deux décisions de justice confortent mes positions :

- Le 29 mai 1992, le tribunal de commerce de Créteil rend une Ordonnance autorisant la saisie, à titre conservatoire, de 15 millions de francs sur les comptes de Bernard Tapie Finance à la SDBO ;
- le 1er juin 1992, une Ordonnance du tribunal de grande instance de Créteil va plus loin. Elle autorise ma société Lugdunum Finance, à pratiquer une autre saisie-arrêt conservatoire pour un montant global de 68 millions de francs, sur les comptes de Bernard Tapie Finance ouverts dans

trois établissements : la Banque générale du commerce (BGC), 36, rue Marbeuf, à Paris 8e ; la SDBO, 8, rue de La Rochefoucauld à Paris 9e ; la Finterbank (filiale d'un établissement suisse), 1 bis, rue François Ier, à Paris 8e.

J'ai maintenant le sentiment d'avoir entre les mains la possibilité de garrotter le ministre de la Ville, en l'attaquant là où ça lui fera le plus grand mal, et là où il ne supporte pas qu'on vienne le taquiner : le tiroir-caisse. Mes avocats sont partagés sur la marche à suivre. L'un penche plutôt pour la reprise des négociations :

« Nous sommes en position de force ; il nous faut jouer avec la seule première saisie de 15 millions de francs. »

L'autre conseille le pas de charge :

« Allons jusqu'au bout, en mettant en œuvre toutes les saisies-arrêts : les 5 millions du billet à ordre plus les 15 millions obtenus au tribunal de commerce, plus les 68 millions du tribunal de grande instance. »

Maladroitement, je me range à la solution la plus douce. Mon intention n'est pas de tuer Tapie. Elle est seulement d'obtenir La Vie Claire à son prix, puisque la société est ruinée. Par ailleurs, je dois avouer que j'ai été très éprouvé par les dernières menaces du ministre de la Ville. Je redoute d'engager un combat qui serait au-dessus de mes forces. J'éprouve une peur physique. Nous n'actionnerons donc que la plus petite des deux saisies-arrêts, celle de 15 millions de francs. Mon avocat, Me Bernard Canciani, reçoit pour instruction de ne pas mettre à exécution la seconde saisie de 68 millions de francs. En revanche, dès le 9 juin, ma société Lugdunum Finance opère dans les comptes de Bernard Tapie Finance la saisie conservatoire de 15 millions de francs à laquelle elle a droit. Cette fois, la hache de guerre est déterrée. Tout va s'enchaîner très vite dans un indescriptible méli-mélo judiciaire et médiatique.

• Le lendemain 10 juin, la riposte de Tapie Bernard ne se fait pas attendre. Par la voix d'Élie Fellous, son président, le groupe BTF annonce qu'il introduit une action judiciaire en résiliation de la vente de La Vie Claire, au prétexte que je n'ai pas réglé les 5 millions du billet à ordre prévus pour le 30 mai. BTF oublie seulement la décision du tribunal de grande instance de Créteil qui, le 7 mai, m'a autorisé à ne pas acquitter cet acompte. Élie Fellous ajoute qu'il a également saisi la justice pour obtenir « dans la journée » la main-levée de la saisie de 15 millions opérée par ma société.

• Le 11 juin, saisi en référé par BTF, le tribunal de commerce de Créteil confirme cette saisie conservatoire. Banque de Tapie et de tous ses mauvais coups, la SDBO est désignée comme « séquestre », c'est-à-dire dépositaire des 15 millions saisis. Autrement dit, la SDBO doit immobiliser à mon profit les 15 millions que j'ai réglés comptant, le 20 février 1992, à Bernard Tapie Finance (avec de l'argent avancé par elle !) en paiement de mon ticket d'entrée dans La Vie Claire. Mais ces 15 millions, la société de Tapie Bernard les a déjà dépensés car tous les comptes de

BTF sont débiteurs, ce que nous faisons constater par huissier. D'où l'obligation pour la SDBO — qui, dans cette affaire, est chaque fois la seule à ouvrir son porte-monnaie — de me garantir la totalité de la somme. La filiale du Crédit Lyonnais a bon dos. À toutes les étapes de nos tortueuses tractations, c'est toujours elle qui passe à la caisse. Sans que son directeur général, Pierre Despessailles, montre le moindre signe d'agacement. Ni que le président du Crédit Lyonnais Jean-Yves Haberer et ses autorités de tutelle, Michel Sapin aux Finances et Pierre Bérégovoy à Matignon, s'opposent à toutes ces largesses, en faveur de la société d'un ministre en exercice.

• Le 12 juin, Tapie Bernard sort vraiment de ses gonds. Il faut dire qu'il a de quoi être énervé. Quand l'huissier que j'ai mandaté, Dominique Pinot (qui, soit dit en passant, se retrouvera plus tard sur la liste Énergie Sud du candidat Tapie), revient en me disant qu'il n'y a plus d'argent sur les comptes de BTF, j'ai décidé de déclencher le grand jeu. Quelques jours plus tard, l'huissier Pinot et mon avocat Me Lartigue se rendent au siège parisien de la SDBO, rue de La Rochefoucauld. À défaut d'argent, comme la loi nous y autorise, ils font bloquer les actifs du groupe Tapie : 520 596 actions de la société Tournus ; 773 908 titres de Terraillon ; les 347 412 actions Testut et 550 000 deutschemarks appartenant à la holding allemande détentrice du groupe Adidas. Ces opérations de blocage durent tard dans la soirée, jusqu'à 22 heures.

Tapie Bernard fulmine. Dénonçant la « machine de guerre » que j'aurais montée pour mettre la main sur La Vie Claire sans la payer, les dirigeants de BTF annoncent des représailles. Ce 12 juin, ils font savoir que leur service juridique est entré en contact avec Gilbert Boisson, le PDG de la petite entreprise de menuiserie Boisson SA, dont je viens de déposer le bilan, le 22 mai. De plus — curieux hasard — Gilbert Boisson et son frère Denis viennent (le 26 mai) de porter plainte contre X à Lyon pour « escroquerie, faux en écritures de commerce et abus de biens sociaux », à propos de travaux effectués par Boisson SA dans ma villa Helen Roc de Cannes. Immédiatement, le 1er juin 1992, le procureur de la République de Lyon ordonne une enquête à la PJ. Le 27 mai, le tribunal de commerce de Lyon a décidé la liquidation judiciaire de Boisson SA.

Comme ces singes qui jamais ne tombent et se rattrapent à toutes les branches, Tapie Bernard entreprend une grossière mais efficace manœuvre de diversion. Dans de fracassantes déclarations à la presse, le groupe BTF déclare qu'une « procédure sur le fond » va maintenant être engagée pour démontrer ma mauvaise foi dans la présentation des comptes de La Vie Claire. Pour appuyer cette riposte, la direction de BTF établit un rapprochement malveillant avec le dossier Boisson, qui n'est en rien lié à l'acquisition de La Vie Claire :

« Dans les deux cas, affirme BTF, Pierre Botton a procédé à l'achat des affaires et immédiatement après l'acte d'achat a introduit des contentieux de manière à pouvoir se soustraire à ses obligations de paiement. »

Sur le moment, je ne prête guère attention à ces manœuvres. De la même manière, le 22 mai 1992, je n'ai pas vu qu'en déposant le bilan de Boisson SA pour une insuffisance d'actifs évaluée à quelque 15 millions de francs, je commettais l'erreur fatale. Je suis alors à mille lieues d'imaginer les conséquences de cette décision.

À l'affût, Tapie Bernard et ses relais au pouvoir vont exploiter le dossier Boisson pour lancer à mes trousses fisc, flics et magistrats. Je me suis expliqué devant le tribunal, sur les circonstances du dépôt de bilan de la SA Boisson, les abus de biens sociaux et les faux qui m'y sont reprochés, ainsi qu'à mes collaborateurs ou associés de l'époque. Mais je ne sache pas que la justice se soit montrée aussi scrupuleuse, aussi tatillonne, aussi implacable, dans l'analyse des abus de biens sociaux, des faux et autres délits commis dans les sociétés du groupe Bernard Tapie Finance, pour des sommes autrement plus importantes que celles relevées à mon encontre. Je ne sache pas que l'on m'ait reproché l'utilisation d'argent public — en l'espèce, celui du Crédit Lyonnais, le permanent pourvoyeur de fonds de Tapie Bernard — pour financer, à coups de milliards, mes activités commerciales, mon train de vie. J'attends donc que l'on rapproche le compte exact de mes dépenses personnelles, détaillées dans l'acte de renvoi du juge Courroye, avec celui de mon tombeur : Tapie Bernard.

La contre-offensive de l'ancien ministre de la Ville est bien orchestrée. Au moment où le groupe BTF se répand dans la presse pour orienter les attaques vers le dossier Boisson, *Le Canard enchaîné*, le 10 juin, puis *Le Monde*, le 12 juin, sous la signature de son correspondant lyonnais Robert Marmoz, lâchent une salve destructrice. Pour *Le Canard*, je ne suis qu'un « Tapie lyonnais », ami et protégé du maire de Cannes, Michel Mouillot qui « n'a jamais refusé un service à son copain RPR ». L'hebdomadaire insiste sur la débandade de Boisson SA et m'accuse lui aussi d'avoir fait payer par elle les frais d'aménagement de ma villa de Cannes. *Le Canard* est bien informé : il est le premier à dévoiler que la Brigade financière de Lyon « s'intéresse au présent et au passé de Botton », en particulier à la société Vivien, l'ex-société mère de mon groupe, dont j'ai arrêté les activités et qui vient d'être rayée en avril du registre du commerce.

Sous le titre « La controverse autour de la vente de La Vie Claire — le groupe Pierre Botton en mauvaise santé », le journaliste du *Monde*, Robert Marmoz, revient à la charge. Il s'interroge lui aussi sur « l'étrange disparition de la société Vivien », et surtout il se demande « comment la société Lugdunum, qui ne possède pas de fonds propres (son capital social de 250 000 francs n'ayant été libéré qu'au quart), a pu lever ainsi plusieurs dizaines de millions de francs »... pour le rachat de La Vie Claire. Il n'est pas venu à l'esprit de ce fin limier que les fonds m'ont été intégralement offerts par Tapie lui-même, via la cassette sans fond de la SDBO (Crédit Lyonnais) où il a guichets ouverts.

Mais du rôle et de la responsabilité de Tapie Bernard dans le dossier La Vie Claire, à cette époque-là nul ne se préoccupe.

Nous sommes maintenant le 13 juin. Sur tous les toits, Tapie Bernard affirme qu'il va faire le lien entre les affaires La Vie Claire et Boisson. Cette fois, des menaces verbales et insultes, du fusil de chasse, mon challenger passe aux orgues de Staline. Pendant plusieurs mois, il ne cessera de me faire vivre sous un déluge de projectiles, par agents du fisc, de la police et de la justice interposés. Le tout récent ancien ministre n'a pas le choix. Depuis le 27 mai, il vit sous la menace d'une condamnation pénale dans le cadre de l'affaire Toshiba-Tranchant. Certes, dans quelques mois, le 18 décembre 1992 — et alors que je serai au secret dans la prison Saint-Joseph de Lyon — il s'en sortira in extremis, à l'issue d'un marchandage miraculeux et du renoncement de la justice à le poursuivre. En effet, Tranchant retrouve son argent. Il retire sa plainte et le juge d'instruction Édith Boizette décide, dans une grande mansuétude, de clore là le dossier par un « non-lieu ». Le ministère public ayant abandonné toute poursuite, le 24 décembre 1992 Tapie Bernard retrouve son fauteuil de ministre de la Ville. Pour lui, servie par les maîtres d'hôtel de la République, la dinde de Noël dégage une saveur exquise. À la prison Saint-Joseph, j'ouvre le colis que mon parrain Paul Bocuse est venu lui-même déposer au guichet...

Le guet-apens
de Charasse Michel

17 juin 1992 : coup de poignard. Il m'est administré par le service du contrôle fiscal, sous l'autorité du ministre du Budget, Charasse Michel. Ce jour-là, deux inspectrices du fisc, Mmes X... et Y..., m'adressent un Avis de vérification de comptabilité concernant mes sociétés Alpha et Bêta Finance. Un mois plus tard, le 21 juillet, le manège recommence avec la SARL Groupe Pierre Botton-3B Holding. Mêmes inspectrices. Le 27 juillet, Me Dubois, le liquidateur de Boisson SA, reçoit lui aussi la visite du tandem.

Encore plus désastreux : à la date symbolique du 18 juin, le lendemain de cette offensive fiscale et cinq jours seulement après le début de la riposte médiatique de Tapie Bernard et son annonce de représailles, le directeur régional Rhône-Alpes des Impôts, J. Malacan, transmet au procureur de la République de Lyon, Paul Weisbuch, aux fins de poursuites pénales, le dossier des infractions fiscales constatées deux ans auparavant, durant l'été 1990, dans notre société familiale Vivien SA. Je ne comprends plus. À en juger par cette extraordinaire simultanéité de dates, tout paraît orchestré de main de maître. Sur le moment, je n'arrive pas à me persuader que ce cher Charasse tient la baguette. Et pourtant...

Tout cela ressemble fort à une volonté délibérée de me déstabiliser.

Est-ce à dire que, en haut lieu, on se sert du service du contrôle fiscal comme d'une arme de guerre pour des règlements politiques et d'affaires ?

Bien plus tard, dans ma cellule, en me remémorant la chronologie des faits, je comprendrai quelle puissance confère, à celui qui peut en user, un service de l'État aussi redoutable. Surtout quand l'administration des Impôts tombe sur une entreprise vulnérable, telle que Vivien SA.

Société pivot de mon petit groupe, Vivien, dont je détiens 100 % du capital, n'est qu'une simple PME. Elle ne réalise pas plus de 10 millions de francs de chiffre d'affaires. Elle n'a jamais obtenu un seul marché public. Mais c'est à travers elle, depuis 1983, que je soutiens financièrement les campagnes électorales de mon ami et bientôt beau-père Michel Noir.

À l'époque, Vivien est ma principale société et, pratiquant il est vrai, sans trop m'en rendre compte, l'abus de biens sociaux, elle est en quelque sorte la « pompe à finance » de mon petit système. Pendant longtemps, le fisc ne s'en est guère ému. Car, en 1985, Vivien a déjà subi un contrôle de routine.

En mars 1990, quand je reçois un nouvel Avis de vérification de l'administration des Impôts, je suis tout de même un peu inquiet. Tous ces derniers temps, j'ai tiré sur la corde et je sais très bien quelles doses d'explosif contient la comptabilité de Vivien. Au ministère du Budget, depuis 1988, Charasse Michel doit se douter qu'un contrôle sérieux de ma société ne tardera pas à déboucher sur d'intéressantes révélations... et sur des moyens de pression dont il a grandement besoin.

Au printemps 1990, entre son bureau ministériel du quai de Bercy et sa fonction officieuse d'éminence grise à l'Élysée, Charasse Michel a fort à faire pour parer les coups qui pleuvent de toutes parts sur le Parti socialiste et le président de la République. Membre du premier cercle du chef de l'État, Charasse se croit investi d'une mission. À tout le monde, et même à la journaliste Christine Clerc, il répète :

« Si Mitterrand me demande de tuer, je tue. »

Nous vivons les grandes heures de la fameuse loi d'auto-aministie promulguée par les socialistes, le 15 janvier 1990. À Marseille, les inspecteurs de police Antoine Gaudino et Alain Mayot ont déjà saisi les fameux cahiers de Joseph Delcroix, le greffier du réseau Urba et de la corruption socialiste. Les deux policiers de la Brigade financière des Bouches-du-Rhône ont été instamment priés d'arrêter leurs investigations. Antoine Gaudino s'est rebellé. Il s'est retrouvé immédiatement sanctionné par une mutation dans un commissariat de quartier où ce spécialiste des dossiers financiers doit désormais ramasser les seringues des drogués. Quelques mois plus tard, en octobre 1990, la publication par Gaudino de son best-seller *L'Enquête impossible*[1] mettra le feu aux poudres : « l'affaire Urba » ne va pas tarder à faire vaciller le gouvernement de Michel Rocard. Tandis qu'au ministère de la Justice le garde des Sceaux Henri Nallet accumule les maladresses, dans des explications mensongères et d'incessantes pressions sur le pouvoir judiciaire, au ministère du Budget Charasse Michel aiguise ses couteaux. J'ignore alors que, par mes imprudences, je lui offre sur un plateau le moyen de préparer ses contre-feux.

Quand me parvient l'Avis de vérification de Vivien, le 26 mars 1990, je fais jouer mes relations avec l'entourage du ministre du Budget et obtiens un petit sursis. Mais, en mai, les deux inspectrices-vérificatrices, X... et Y... — celles que je retrouverai sur mon chemin deux ans plus tard — repointent à nouveau le nez. Il me faut absolument mettre un terme à leur curiosité ? Je décide donc de joindre Charasse Michel. Nous nous connaissons par l'intermédiaire d'une amie commune, Véronique, l'ex femme de Coluche, dont je fus le grand ami dans les mois qui ont précédé sa mort, en juin 1986.

1. Éditions Albin Michel.

Charasse et moi, nous nous sommes plusieurs fois croisés depuis l'automne 1986, à l'occasion de manifestations et émissions de télévision en faveur des Restaurants du Cœur. Nous ne sommes pas des intimes. Nous nous rejoignons juste dans un même combat contre le Front national. Et puis, il y a peu, le 15 avril 1990, j'ai participé à l'enregistrement au Cirque d'Hiver, d'une émission de télévision réalisée par Guy Job et intitulée : *Coluche, qui dit mieux ?* Il s'agissait d'une vente aux enchères des objets ayant appartenu à l'artiste au profit des « Restos du Cœur », dont il fut le fondateur et l'animateur. La cassette de cette émission confirme que non seulement Charasse me connaissait parfaitement, mais surtout qu'il ne redoutait pas lui-même de me pousser publiquement à la dépense.

Devant les caméras, il est ce jour-là sur scène, entre le chanteur Patrick Bruel (à sa gauche) et le commissaire-priseur Pierre Cornette de Saint-Cyr, plus Stéphane Collaro (à sa droite). Micro en main, le ministre du Budget aide Maître Cornette de Saint-Cyr à faire monter les enchères. On est convenu de me faire débourser plusieurs centaines de milliers de francs au bénéfice des malheureux secourus par les Restaurants du Cœur. À l'heure même où ses inspectrices ont engagé la vérification de mes comptes, leur ministre Charasse me fait, sous les projecteurs et devant les caméras, un grand numéro de charme. J'ai déjà acheté au prix fort plusieurs objets, dont la moto de Coluche. Même pour une noble cause que je partage, celle d'un ami défunt, j'arrive presque au plafond que je me suis fixé. Arrive le clou de la vente : le trophée gagné par Coluche pour son record du monde de vitesse à moto. J'avais prévenu Véronique Colucci : d'accord pour faire un geste, mais pas au-dessus de 150 000 francs. Une somme déjà considérable pour une simple coupe sportive. J'ai en face de moi le président de Cartier, Alain-Dominique Perrin. Charasse appuie sur l'accélérateur. Les enchères fusent. On en est à 170 000 francs :

« Maintenant, déclare-t-il sous les projecteurs, il faut un effort symbolique. Au moment où la France traverse les moments que nous vivons, où l'intolérance, la connerie, la folie, la stupidité, le sectarisme sont en train de prendre le pas sur tout le reste, Coluche était tout le contraire. Et un objet comme ça, qui lui était cher, ça vaut de l'argent. Et ça vaut un effort ! »

Le ministre annonce la couleur :

« 200 000 francs ! »

Les enchères reprennent. Charasse en fait des tonnes. On voit bien que ce n'est pas lui qui paie :

« 220 000 francs ! »

Maître Cornette de Saint-Cyr sourit. Charasse Michel est en verve :

« Si on pouvait faire un compte rond : 250 000 francs ! »

Maître Cornette de Saint-Cyr me voit blémir. Il essaie de calmer le jeu, en faisant état de mon intention d'ouvrir un musée à Lyon. Il suggère qu'on me laisse la coupe à 230 000 francs. Mais

Charasse ne l'entend pas de cette oreille. Il est déchaîné :

« 230 000, ce n'est pas un compte rond. Si ça va au musée de Lyon, 250 000. Allez, allez... »

Véronique Colucci y va de son petit mot d'encouragement :

« Allez, Pierre Botton... »

Face au public et aux caméras, assis à la gauche de mon épouse, je dois faire bonne figure. Non sans tout de même préciser :

« Ce n'est pas la ville de Lyon qui paye. C'est seulement mon argent personnel. »

Réplique gourmande de Charasse :

« Ça ne fait rien, c'est encore mieux ! »

Du coup, Alain-Dominique Perrin monte à 240 000 francs. Poussé par mes amis — et en mémoire de Coluche — je finis par surenchérir :

« Bon, OK, 250 000 francs pour le musée... »

Et tandis que Maître Cornette de Saint-Cyr demande que l'on m'applaudisse, le ministre du Budget me lance un « bravo » triomphant.

Cette même année 1990, je revois Charasse Michel quelques semaines plus tard, début juin, au Grand Prix de Formule 1 à Monaco. Moins soucieux des deniers de l'État, quand il s'agit de la ruineuse écurie de son copain Ligier, financée par les capitaux d'entreprises publiques, dont la Seita et le Loto, sous son autorité, Charasse parade sur le circuit. En tenue de joueur de pétanque — Lacoste rouge, veste de jean et casquette rose —, il me côtoie cordialement. Ma femme immortalise cette franche « camaraderie » en nous photographiant, côte à côte, au bord du circuit, face à une Pizzeria-Crêperie.

Bientôt, je dois reprendre contact avec le ministre. Les inspectrices du fisc ne semblent pas relâcher la pression. Quand Charasse me rappelle au téléphone, je pense pouvoir compter sur nos bonnes relations et me confie à lui avec une franchise totale.

« Vous savez bien que Vivien sert au financement de l'action politique de mon beau-père Michel Noir. Nous courons le risque de voir déballer tout un ensemble de choses qui n'auront qu'une seule conséquence : ternir l'image des hommes politiques et apporter plus de voix à notre adversaire commun : le Front national.

— Très bien, mon cher Botton, venez me voir au ministère. »

Nous convenons d'un rendez-vous, aux Finances. Le temps pour Charasse de prendre connaissance du dossier. L'entretien se déroulera quelques jours après, dans le monumental blockhaus en béton du quai de Bercy, pour la construction duquel Urba et le PS ont prélevé leurs commissions occultes. Fraudes impunies !

Entendu par le juge Philippe Courroye, Charasse Michel réfutera plus tard notre rencontre, ainsi que plusieurs autres. Pourtant, à chaque fois, mon nom a bien été enregistré par les plantons du poste de garde, afin que je puisse garer ma voiture dans le parking souterrain du ministère.

Courtoise, ma première entrevue à Bercy avec le ministre du Budget se déroule sous les meilleurs auspices. Je lui explique sans détour les secrets de la société Vivien et lui remémore nos « bonnes relations ». Charasse opine du chef. Comme à son habitude, il plaisante avec un parler vert :

« Ne vous en faites pas. J'ai pris mes renseignements. Vous n'êtes ni un escroc, ni un trafiquant de drogue international...

— Soit, Monsieur le ministre, mais alors que dois-je faire ?

— Surtout ne bougez pas. Ne remettez aucun document compromettant. Vous verrez, tout se passera bien. »

De retour à Lyon, je transmets la consigne. Ensuite, le contrôle fiscal semble se dérouler sans encombre. Comme convenu, j'évite soigneusement de livrer aux fonctionnaires des Impôts des documents sur lesquels pourraient figurer des noms de personnalités politiques, médiatiques, artistiques ou autres, toutes celles que j'ai rencontrées et fréquentées pour assurer la promotion de Michel Noir. Je sais parfaitement que cette absence de justificatifs provoquera un redressement. Ce sont les risques du métier. Mais je compte sur la bienveillance de Charasse Michel. D'ailleurs, ne me l'a-t-il pas promise ?

Quelques semaines plus tard, nouveau contact avec le ministre. À ma grande surprise, c'est lui qui me rappelle. Nouvelle visite à Bercy. Le ton est beaucoup plus politique. J'apprends ainsi que les agents du fisc se sont rendus rue de Solférino, là où ma société Vivien paie l'appartement parisien occupé par Michel Noir. La concierge a été interrogée. Les contrôleurs des Impôts ont aussi enquêté à Air France et à la Pan Européenne Air Service, la petite compagnie de Chambéry où j'ai l'habitude de louer hélicoptères et avions privés. De toute évidence, le ministre du Budget a sur son bureau le relevé de toute une série de vols, avec les noms parfois illustres des passagers. Charasse se pourlèche les babines. Il donne l'impression de quelqu'un qui connaît le dossier sur le bout des doigts :

« Alors Botton, il y a du beau monde dans vos papiers...

— Mais, Monsieur le ministre, lors de notre dernière rencontre, nous avons décidé que je ne donnerais aucun document sur lesquels figurent les noms de personnalités. J'ai suivi votre conseil. »

Suit alors un échange plutôt vif. Le dossier étalé devant lui sur son bureau, Charasse égrène quelques patronymes illustres, dont bien entendu celui de mon beau-père Michel Noir, en plus de ceux de plusieurs journalistes de mes relations. Je proteste :

« Comment pouvez-vous citer ces noms, puisque aucun n'apparaît sur les documents que j'ai remis à l'administration fiscale... De toute façon, ces personnes n'ont rien à voir avec mes affaires. Je vous ai déjà dit que j'endossais personnellement tous ces frais, en rapport avec mes activités politiques. »

En fait — je le comprendrai plus tard — le fisc n'a pas déniché chez Vivien les noms de mes invités.

L'origine de la liste entre les mains de Charasse ? Un contrôle fiscal effectué un an auparavant, en 1989, à la Pan Européenne Air Service de Chambéry. C'est elle que j'utilise en exclusivité pour mes transports de VIP. Les vérificateurs y ont trouvé toutes les factures réglées par Vivien. Or, la législation du transport aérien impose de faire figurer les noms des passagers sur les livres de bord. Ce sont ces premiers documents qui ont donné l'idée à la DGI de contrôler Vivien. Sur leur lancée, les agents des Impôts se rendent à la direction générale d'Air France, rue de la République à Lyon, pour y écumer les registres des années 1986 à 1989. Les billets commandés par Vivien sont scrutés à la loupe. Là, les contrôleurs tombent sans le savoir sur un os. Dans de nombreux cas, ils ont recensé de simples réservations qui ne correspondent pas à des voyages réellement effectués.

Devant moi, Charasse Michel se veut apaisant :

« J'ai fait tout ce que j'ai pu. Mais l'enquête était lancée et je ne pouvais pas l'arrêter sans attirer l'attention.

— Bien, Monsieur le ministre. Dans ces conditions, où allons-nous ? J'ai le sentiment de m'être fait piéger. D'un côté, vous me conseillez de cacher certaines pièces, de l'autre vos fonctionnaires fouillent partout pour les trouver. Avec la volonté manifeste de me faire passer pour un dissimulateur. Ce n'est pas très correct. Si j'ai bien compris, vous cherchez à compromettre les nombreuses personnalités avec lesquelles je suis en rapport. À qui ferez-vous croire qu'elles sont mes complices ?

— D'accord, Botton, j'arrête tout cela. Mais il faudra payer un redressement. Ça va vous coûter de l'argent.

— Tout dépend combien. Vous savez, mes moyens ne sont pas illimités. Dois-je vous rappeler que je n'ai volé personne et qu'il n'y a pas un franc d'argent public dans ma société, dont je suis le propriétaire à 100 % ?

— Oui, je sais. Vous vous êtes volé vous-même. »

S'engage alors une discussion de maquignons nivernais. Le ministre évoque un montant de 4 millions de francs. Je propose un million. Comme lors de la vente au profit des Restaurants du Cœur, les enchères montent. Je reçois l'assurance que le montant global de mon redressement ne dépassera pas 1,5 million, et je remercie Charasse.

Éphémère soulagement !

Le 28 décembre 1990, à la veille de la Saint-Sylvestre, la Direction générale des Impôts me fait parvenir son cadeau de fin d'année. Contrairement aux promesses orales du ministre du Budget, la notification fiscale adressée à la société Vivien fait ressortir un redressement de 4 millions de francs. Faute de justificatifs dans un délai de trente jours, les deux inspectrices-vérificatrices me menacent de réintégrer intégralement les dépenses effectuées pour mon compte, celui de mon beau-père Michel

Noir et l'ensemble des VIP. Elles considèrent que des cadeaux, locations et dépenses, offerts à des tiers étrangers à l'entreprise ne sont pas déductibles. Bien plus, elles exigent de connaître les noms des bénéficiaires de ces dépenses somptuaires, afin de leur appliquer l'imposition équivalant à une dissimulation de revenus. Seule consolation : ma « bonne foi » est reconnue, ce qui m'évite des pénalités supplémentaires et d'éventuelles poursuites pénales. Autre naïveté de ma part !

À la réception de cette ardoise salée, mon sang ne fait qu'un tour. Charasse s'est joué de moi. Je retourne le voir illico, très fâché.

Nous sommes maintenant début 1991, et le 15 janvier, je suis candidat, avec le soutien du RPR, contre Jean-Michel Dubernard, à l'élection législative partielle de la 3e circonscription du Rhône. Charasse profite de l'événement pour me prendre de haut, tout en veillant à conserver d'excellents rapports avec moi :

« Mon pauvre Botton, votre affaire n'est pas simple. J'ai la CGT sur le râble à propos de votre contrôle. Je ne vais tout de même pas me foutre mon administration à dos pour un adversaire politique. Estimez-vous heureux : si je le voulais, je pourrais déclencher une plainte pour fraude fiscale et recel d'abus de bien social. Sur vous et sur tout ce beau monde. Mais, je vous ai dit qu'il n'y aurait pas de pénal. Je tiens parole. Vous devriez me dire merci.

— Monsieur le ministre, c'est sur vos conseils que j'ai retiré tous les justificatifs. Alors que vos enquêteurs œuvraient par ailleurs pour obtenir les documents sur lesquels porte le litige. À cause de vous, cette dissimulation m'est reprochée et j'en subis pécuniairement les conséquences.

— Très bien, alors défendez-vous. Mais ne faites surtout pas de contentieux, pas de procès. Il existe un moyen de vous tirer d'affaire.

— Que voulez-vous que je fasse ?

— Il existe un moyen très simple. Dans votre réponse à la Notification de redressement que vous allez nous envoyer très vite, débrouillez-vous pour relier chacune de ces dépenses litigieuses à l'objet social de la société.

— Mais enfin, Monsieur le ministre, vous savez très bien qu'elles n'ont aucun lien avec l'activité de ma société ! Je vous ai dit, dès le début, que toutes ces dépenses avaient pour seul objet d'appuyer la carrière politique de Michel Noir. Si je vous comprends bien, vous me demandez tout bonnement d'émettre un faux ?

— C'est la seule solution. Il faut vous y résoudre. De toute façon, ce document interne ne sortira pas. Il permetttra d'infléchir l'administration, et il devrait servir à justifier le dégrèvement. »

Stupide, je me laisse convaincre.

Sous ses allures joviales, Charasse prépare le dossier qui, demain, quand l'heure sera venue, lui permettra de neutraliser le gotha de la presse audiovisuelle française. Novice en la matière, je n'y verrai que du feu et prêterai jusqu'au bout mon concours à la plus abominable des manipulations contre ceux qui furent ou demeurent des amis.

Faux et usage de faux...
pour les Impôts

De retour à mon bureau, — nous sommes à Lyon au début de mars 1991 — je m'attelle derechef à la rédaction des justificatifs réclamés par le ministre du Budget et son service du contrôle fiscal. Sous l'en-tête « Vivien installations », je l'intitule : « Réponse à la notification de redressement envisagé pour le contrôle de la société Vivien pour la période du 01/01/87 au 30/06/89. » Et, le 11 mars, j'adresse le tout à mon inspectrice-vérificatrice Mme X... de la Direction régionale des Impôts de Lyon, service des vérifications générales. Au total 106 pages que j'ai rédigées en quelques heures. Elles justifient voyages, repas, locations de voitures, dépenses d'avions et d'hélicoptères, frais de réception à Saint-Tropez... pour d'imaginaires opérations de relations publiques en rapport avec ma clientèle de pharmaciens. Pour ce faire, j'ai pioché au hasard dans mon carnet d'adresses. Quelques pharmaciens amis n'hésitent pas à me fournir des attestations, elles aussi inventées de toutes pièces. J'en profite ici pour les en remercier chaleureusement et leur présenter mes excuses pour leur avoir demandé ces alibis fantaisistes, dont ils comprendront mieux maintenant la raison.

Pour la laborieuse confection de ces faux, je n'ai aucune difficulté : au cours des dernières années, je me suis lié d'amitié avec le Tout-Paris et me suis servi des fonds de mes sociétés pour entretenir les relations nécessaires à la carrière de mon beau-père, de ses campagnes politiques, etc. Aucune de mes relations ne sera avertie par moi de l'utilisation faite de son nom, afin d'échapper aux foudres de la terrible administration fiscale. Car Charasse Michel m'a affirmé que ce document resterait secret, n'étant destiné qu'à justifier son intervention dans mon dossier. Comment, dans ces conditions, répondre précisément à toutes les questions du fisc ?

En gros, mon problème est de deux ordres :

• Il me faut, d'une part, fournir des explications plausibles, en rapport avec ma peu ordinaire vie publique ;

• D'autre part, je dois motiver toutes ces factures — voyages, hôtels et locations de voitures essentiellement — payées par Vivien SA en faveur de ces artistes, journalistes de renom, pour l'ascension politique de mon beau-père Michel Noir.

Les questions de l'administration sont sévères, voire embarrassantes. Je compte bien sur Charasse pour que, surtout, le document que je transmets en réponse aux Impôts reste confidentiel. En effet, les observations du fisc sont imparables :

« Pour être admis en déduction, les frais et charges doivent être exposés dans l'intérêt direct de l'exploitation ou se rattacher à la gestion normale de l'entreprise. Ils doivent également correspondre à une charge effective et être appuyés de justifications suffisantes. De l'examen de votre comptabilité, il ressort que vous comptabilisez en comptes de charges, des frais importants de voyages, réceptions et cadeaux. Ces frais appellent les observations suivantes :

• » certains bénéficient à des personnes physiques n'ayant pas de lien direct avec l'entreprise ; (...)

• » certains frais exposés à l'étranger (Brésil, États-Unis, Turquie, etc.) n'ont pas de liens avec des affaires traitées par la SA Vivien ;

• » d'autres frais inhérents à la “ location ou toute autre opération faite en vue d'obtenir la disposition de résidences de plaisance ou d'agrément ” (location d'été à Ramatuelle et Saint-Tropez en 1987 et 1989), ainsi que les dépenses de toute nature résultant “ de la location ou de toute autre opération faite en vue d'obtenir la disposition de yachts ou de bateaux de plaisance à voile ou à moteur, ainsi que de leur entretien ” sont en outre exclus, selon les dispositions de l'article 39-4 du CGI [*Code général des impôts*] ;

• » les cadeaux offerts à des tiers de l'entreprise ne sont déductibles que s'ils peuvent être regardés comme faits dans l'intérêt et la bonne marche de l'entreprise, et du développement de l'affaire. Or, les cadeaux de prix élevés offerts aux clients ou à d'autres personnes ne sont pas par nature utiles à la bonne marche de l'entreprise.

» L'ensemble de ces frais ne correspond pas à la

gestion normale d'une entreprise, et sont de plus hors de proportion, eu égard à l'importance de l'exploitation et à ses résultats. »

Avec mon conseiller fiscal, je décide donc de répondre point par point aux interrogations du fisc.

En à peine une journée, ma secrétaire dactylographie mes réponses qui remplissent un gros recueil à spirale. Je commence par y expliquer au fisc qu' « une appréciation objective de notre dossier ne saurait ignorer les réalités suivantes : les nombreuses attestations de pharmaciens obtenues dans un délai relativement court et jointes en annexe, affirment l'intérêt direct pour l'entreprise d'une partie des frais et charges réintégrés de ce chef ; de la même manière ces attestations confortent la réalité et l'utilité des liens de notre entreprise avec un certain nombre de personnalités nommément désignées, telles que MM. Patrick Poivre d'Arvor, Michel Noir, François-Henri de Virieu, etc. ».

En réalité — et cela je l'ai d'emblée avoué au ministre Charasse Michel —, la trésorerie de Vivien était mon nerf de la guerre pour financer l'ascension politique de Michel Noir. Certes, il est vrai, par exemple, que certains pharmaciens ont déjeuné ou dîné avec tel artiste ou tel journaliste. Mais il va sans dire qu'à ma table, ces stars du spectacle et des médias n'avaient pas à se préoccuper des activités professionnelles de mes autres convives, tous ces pharmaciens avec lesquels j'étais en rapport d'affaires.

Par exemple, PPDA ne fait évidemment pas partie de mes VRP. Pourtant j'assure à l'administration des Impôts — ce qui va ravir Charasse, le pire ennemi de l'animateur du *Droit de savoir* — que :

« Comme les attestations l'établissent, M. Patrick Poivre d'Arvor a déjeuné au cours des exercices contrôlés, avec au moins une dizaine de pharmaciens. Les rapports qualité-prix-rendement s'avèrent excellents surtout compte tenu de la notoriété de Patrick Poivre d'Arvor qui est dans les quinze personnes françaises les plus appréciées. »

Je m'empresse d'ajouter :

« Ce jugement est également vrai pour l'ensemble des célébrités du Tout-Paris dont la société Vivien a sollicité la participation dans ses démarches commerciales, afin de favoriser ses relations clientèles. »

Dans certains cas, les faits que je relate sont exacts. Il est vrai que ma société Vivien a bien réglé 23 000 francs de frais d'avion le jour du réveillon du 31 décembre 1987 pour le déplacement à Venise de Michel Noir et sa famille, et j'affirme dans ma note, à ce sujet :

« On rappellera, comme les attestations le démontrent, que de nombreux pharmaciens ont dîné ou déjeuné avec Michel Noir, et que parfois, un livre dédicacé par Michel Noir lui-même leur a été remis. Cela confortait l'image d'une société exceptionnelle. »

La location d'été, pour 214 000 francs, de la villa

de Saint-Tropez où je tenais table ouverte, en compagnie de mon beau-père Michel Noir, est assortie d'une explication qui fit beaucoup sourire Charasse Michel quand il en prit connaissance :

« Comme l'établissent l'ensemble des documents joints ainsi que les attestations des pharmaciens, notre société a considéré comme une opportunité commerciale d'utiliser une maison située à Saint-Tropez, appuyée de toute une logistique telles que hélicoptère, bateau, afin de :

» 1) Conforter les contacts déjà existants avec les pharmaciens par notre entreprise qui servait, soit à promouvoir l'image de la société auprès d'autres pharmaciens de leurs amis, soit à entrevoir de nouveaux chantiers pour ces mêmes pharmaciens. (...)

» 2) Créer et appuyer de nouveaux contacts commerciaux auprès d'amis des premiers pharmaciens cités et donc envisager de nouveaux chantiers. (...)

» 3) Entretenir des relations très privilégiées et à moindre coût avec l'ensemble des personnalités du Tout-Paris, lesquelles n'émettaient à notre égard aucune prestation de service. Le coût et les frais engendrés par la participation de ces personnalités s'avèrent très faibles par rapport au taux de rentabilité obtenu.

» 4) Concrétiser des chantiers et profiter d'une ambiance estivale pour signer de nouveaux chantiers. (...)

» 5) Affirmer une prospection commerciale dans les Alpes-Maritimes.

» 6) Augmenter notre audience et les liens privilégiés avec les instances nationales.

» Ces actions et explications sont à prendre en compte pour l'appréciation des dépenses engagées chaque été durant les exercices contrôlés. »

Les 50 000 francs pour un déplacement à Istanbul, en Turquie, à l'été 1988, avec mon beau-père, reçoivent l'annotation suivante :

« Cette facture représente le seul coût d'un déplacement organisé par le maire d'Istanbul afin d'étudier la mise en place d'un grand projet de rénovation à la française des lieux d'accueil de la municipalité d'Istanbul. Au cours de ce voyage, nous accompagnaient des journalistes lyonnais ainsi que Michel Noir, ancien ministre du Commerce extérieur. (Ci-joint, une photographie représentant notre président directeur général avec M. Dalan, maire d'Istanbul et Premier ministre de Turquie, pressenti pour les dix années à venir : pièce n° 26.) Les aléas inhérents à la vie politique n'ont pas permis à M. Dalan d'obtenir le succès escompté aux élections de janvier 1989. Tous les éléments en notre possession ce jour, montrent que M. Dalan reviendra au pouvoir et à un niveau très élevé. Pour notre part, nous avons au surplus tiré les leçons de ce voyage en réalisant dans le plus pur style ottoman, revu par Vivien, la pharmacie H. à Aubagne. »

Quant à la facture de 45 000 francs que j'ai réellement payée, le 8 novembre 1988, pour le déplacement en jet privé de Marseille à Paris, d'Anne Sinclair et de son mari de l'époque Ivan

Levaï, il n'a, bien sûr, rien à voir avec l'activité de la société Vivien. Et jamais ces deux journalistes n'ont rencontré, lors de ce très confortable trajet aérien, l'apothicaire dont je fournis le nom, ainsi que la fausse attestation dans ma réponse au fisc. Je crois bon d'ajouter, dans un *nota bene*, qu' « une étude de notoriété réalisée auprès des pharmaciens a fait ressortir que les personnalités les plus appréciées par les pharmaciens étaient Mme Anne Sinclair et M. Patrick Poivre d'Arvor ».

Je pourrais continuer cette énumération longtemps et raconter comment mes clients pharmaciens apparaissent sur les justificatifs que je présente, sans jamais avoir participé aux déjeuners, déplacements et autres réceptions que j'organisais en faveur de ma quarantaine d'amis artistes et journalistes, pour favoriser les relations publiques de Michel Noir, qui se voyait lui-même, à l'époque, comme le futur Kennedy français.

De tous les VIP que je fréquente alors, un seul personnage connaît très précisément le secret de mon système, l'origine des fonds qui me permettent ce train de vie et cette générosité : mon beau-père, Michel Noir. En effet, étant donné notre parfaite intimité depuis 1983 et nos liens de parenté depuis mon mariage avec sa fille Anne-Valérie en décembre 1987, il ne pouvait ignorer la nature exacte de ma fortune, de mes activités et de mes entreprises, alors qu'en 1987, il me demande ouvertement de salarier Pascal Parent, son actuel chef de cabinet, sur ma société Vivien pour un salaire de 13 000 francs par mois et ce pendant près d'un an. À sa demande, je prends aussi en compte des dépenses électorales et toutes celles liées à son image, dont les fameux costumes Smalto... Lors de ses fonctions de ministre du Commerce extérieur, entre 1986 et 1988 — époque à laquelle se rapportent bon nombre de ces factures —, j'ai évidemment porte ouverte quai Branly, là où est installé son ministère.

Reste maintenant à savoir pourquoi le directeur général des Impôts et le ministre du Budget Charasse Michel — tous avertis de ce qui se passait réellement dans la société Vivien — ont attendu si longtemps pour signaler les faits à la justice.

Dès le 28 novembre 1990, à la suite du contrôle de Vivien, la Direction régionale des Impôts de Lyon a fait son travail. Elle a informé sa direction générale, à Paris, de la découverte de faits constitutifs d' « abus de biens sociaux » et justifiant une communication obligatoire au Parquet. Curieusement, dans une administration que l'on connaît généralement plus pugnace, la DGI n'en fera rien.

Mieux, le 26 décembre 1990, bien avant la rédaction de ma « réponse » loufoque à la Notification de redressement de Vivien, l'administrateur civil B. Mazauric, de la sous-direction du contrôle fiscal (bureau CF 2) à Paris, écrit au directeur régional de la DGI pour la région Rhône-Alpes. Son courrier est frappé du sceau « Confidentiel ». Il y fait part d'une instruction précise de l'administration centrale pour « différer » [*sic*] l'aspect pénal de mon dossier. Cette lettre « confidentielle » est, à bien des égards, éloquente :

« *Note pour Monsieur le Directeur régional de Rhône-Alpes*

Objet : *Situation fiscale de la SA Vivien.*

Référence : *Son rapport du 26 novembre 1990. Ma conversation avec M. Savarin du 24 décembre 1990.*

Monsieur Menuet est autorisé à faire notifier à la SA Vivien les redressements envisagés dans son rapport cité en référence.

L'information du Parquet par la voie prévue à l'article 40 du code de procédure pénale sera différée dans l'attente de nouvelles directives de l'administration centrale.

Le contrôle de l'ensemble du groupe Botton, prématuré compte tenu de la création récente de plusieurs sociétés du groupe, pourra faire l'objet d'une nouvelle proposition au Bureau CF 2 le moment venu.

L'administration centrale sera tenue informée, sous le présent timbre, de l'évolution de cette affaire. L'administrateur chef Chargé du bureau :

B. Mazauric »

Une autre correspondance du 27 juin 1991 est tout aussi édifiante. Cette fois, c'est le directeur régional des Impôts de Lyon qui s'adresse à son homologue de la sous-direction du contrôle fiscal, le fameux bureau CF 2. Il lui écrit en conclusion :

« Enfin, conformément à vos instructions, je proposerai à M. Bathier [*le PDG de la société Vivien*], le moment venu, une transaction sur le montant des pénalités. »

Ce courrier est signé, au nom du directeur régional, par le directeur départemental. Il indique, sans conteste, la volonté de l'administration fiscale d'aboutir à un arrangement et non à une plainte pénale, comme cela surviendra un an plus tard, en juin 1992.

En effet, il faudra attendre mon différend avec Tapie Bernard, ministre du gouvernement Bérégovoy en même temps que Charasse Michel, pour que ce dernier, le 11 juin 1992, reçoive une miraculeuse « note » du directeur général des Impôts faisant miraculeusement resurgir le vieux dossier Vivien.

Charasse dégoupillera lui-même la grenade, le 15 juin, en donnant son feu vert pour la dénonciation au Parquet. Ce qui sera chose faite, le 18 juin 1992, par le directeur régional des Impôts de Lyon.

Ainsi, les infractions pénales commises au sein de la SA Vivien vont permettre à la justice de passer mes comptes à la moulinette et d'étendre le champ de ses investigations à l'ensemble de mes entreprises.

Attitude pour le moins versatile, si ce n'est

suspecte, de la Direction générale des Impôts et de son ministre de tutelle Charasse Michel. Elle n'échappe pas à la vigilante attention du magistrat instructeur Philippe Courroye. Aux pages 176 et 177 de son « Ordonnance de renvoi » devant le tribunal correctionnel, il épingle cette tardive révélation au Parquet, en 1992, de délits connus dès 1990. Les conclusions du juge Courroye sont accablantes pour Charasse Michel et la Direction générale des Impôts :

• « L'administration fiscale n'a révélé au Parquet que le 18 juin 1992, en vertu des dispositions de l'article 40 du *Code de procédure pénale,* les faits susceptibles d'être délictueux, résultant du contrôle fiscal de la SA Vivien. Ce n'est donc qu'à compter de cette date que le Ministère public est en possession des éléments permettant d'exercer des poursuites et de déclencher l'action publique contre les auteurs d'abus de bien sociaux constatés au préjudice de cette société. (...)

• » Le dossier relatif au contrôle fiscal de Vivien SA révèle que le 28 novembre 1990 la Direction régionale des Impôts indiquait à sa Direction générale que les faits découverts " *constituaient des abus de biens sociaux pouvant justifier une communication au Parquet sous couvert de l'article 40 du* Code de procédure pénale ". La Direction générale des Impôts, le 26 décembre 1990, répondait cependant que " *l'information du parquet serait différée dans l'attente de nouvelles directives de l'administration centrale* ". »

Lors de son audition par le magistrat instructeur, le 14 juin 1993, Charasse Michel, ancien ministre du Budget, explique son attitude d'alors :

« Il reconnaissait, écrit le juge Courroye, avoir été en contact avec Pierre BOTTON. Ce dernier lui aurait indiqué que “ *VIVIEN SA était la pompe à fric de son beau-père... que le contrôle fiscal mettrait en cause des grands noms des médias (Patrick POIVRE D'ARVOR, François-Henri de VIRIEU, Anne SINCLAIR), que la SA VIVIEN était une coquille vide dont l'unique objet était le financement politique de son beau-père* ”. Selon Michel Charasse la révélation de ces agissements au Parquet conformément à l'article 40 du *Code de procédure pénale* devenait inutile car les faits de financement politiques antérieurs au 15 juin 1989 étaient couverts par la loi d'aministie. Cette argumentation visant à justifier l'abstention de l'administration fiscale appelle cependant deux remarques :

- » Le contrôle fiscal avait mis en évidence beaucoup de dépenses à caractère non politique et qui de ce fait étaient susceptibles de constituer des abus de biens sociaux au préjudice de VIVIEN (cf. note du 26 novembre 1990 évoquant des frais personnels ou somptuaires). Michel Charasse indique lui-même que Pierre BOTTON lui aurait indiqué que le contrôle fiscal révélerait les noms de plusieurs personnalités des médias. Par conséquent, ces largesses ne revêtent pas un caractère politique, justifiant a priori leur amnistie.
- » L'article 40 mentionne que l'administration fiscale “ doit révéler ”. Il n'appartient pas à cette

administration de décider de l'opportunité des poursuites, de même qu'il n'appartient pas au Parquet de décider ab initio d'éventuelles mesures fiscales à prendre à l'encontre des contrevenants. L'article 101 du *Livre des procédures fiscales* indique simplement que le procureur de la République doit communiquer à l'administration des faits qui sont de nature à la concerner. Dès lors ces deux textes impliquent une obligation réciproque, sans préjudicier des attributions de ces deux institutions (obligation d'ailleurs rappelée par le rapport remis au Premier ministre en juin 1992 relatif à la " prévention de la corruption, et à la transparence de la vie économique "). »

Enfin, le juge Courroye n'a pas tort de remarquer que :

« Si la communication s'était effectuée normalement, le Parquet aurait été en mesure de diligenter des poursuites dès le 24 décembre 1990, date de la notification de redressement. Cette révélation aurait peut-être d'ailleurs permis d'éviter la commission des infractions perpétrées après cette date, dans le cadre d'autres sociétés contrôlées par Pierre BOTTON. »

Je n'ai cessé, lors de l'instruction de mon affaire, de souhaiter une confrontation avec Charasse Michel. Comment a-t-on pu se contenter d'enregistrer ses affirmations, sans que je sois autorisé à m'en expliquer avec lui dans un débat contradictoire ? Oui, comment ne pourrais-je regretter qu'aucune confrontation n'ait été organisée par le magistrat instructeur entre Charasse Michel et moi-même ? Cela aurait permis, notamment, de vérifier la réalité des rendez-vous que j'eus au ministère des Finances, quai de Bercy, notamment pendant cette période troublée de 1992 où Tapie Bernard me menait à ma perte.

Ces dates de rendez-vous, les voici, à titre d'exemple, pour la seule année 1992 :

- 26 février 1992 à 17 h 00
- 26 mai 1992 à 8 h 30
- 29 juin 1992 à 16 h 00
- 2 juillet 1992 à 8 h 30
- 20 août 1992 à 16 h 00
- 8 septembre 1992 à 12 h 00
- 23 septembre 1992 à 18 h 00
- 1er octobre 1992 à 11 h 30
- 5 octobre 1992 à 15 h 00
- 14 octobre 1992 à 11 h 00
- 2 novembre 1992 à 14 h 30

Quel contribuable dont les comptes sont vérifiés peut se targuer d'une telle sollicitude de la part du ministre du Budget en exercice... et de son cabinet ?

Pourtant il aurait été aisé, dans une instruction en bonne et due forme, de vérifier, au ministère des Finances, la véracité de mes dires.

Comment a-t-on pu laisser Charasse Michel fournir sa version des faits, sans organiser entre nous ce débat contradictoire ?

Et pourquoi l'ancien ministre du Budget et de tutelle de la DGI refuse-t-il de déférer à ma convocation à témoin devant le tribunal appelé à me juger ?

Si cette confrontation avait eu lieu, dans le cabinet du magistrat instructeur et devant le tribunal correctionnel, elle m'aurait permis de confondre le ministre, notamment à propos de sa déposition devant le juge Courroye, le 14 juin 1993. Certes, Charasse Michel a reconnu ce jour-là « m'avoir rencontré en 1990 ou 1992 au ministère du Budget ». Le choix de ce « ou » ne me paraît pas tout à fait adéquat.

Pardon de devoir être aussi précis : nos rencontres aux Finances eurent lieu en 1990, 1991 et 1992. En outre, Charasse Michel énonce une contre-vérité manifeste quand il commence par déclarer au juge, sur question de celui-ci :

« J'ai rencontré pour la première fois Pierre Botton en 1989, sur le circuit de Monaco, je crois. »

En fait — je m'en suis déjà expliqué plus avant —, je connais Charasse depuis l'automne 1986. Ayant des amis communs, dont Véronique Colucci, il nous est arrivé de nous rencontrer lors de manifestations charitables en faveur des Restaurants du Cœur.

Comment a-t-on pu enregistrer, sans investigations complémentaires — j'allais dire indispensables — les affirmations du ministre du Budget ? Et surtout, pourquoi n'a-t-on pas remarqué que celui-ci a avoué, devant le juge, dans son cabinet, avoir été mis au courant, par moi, dès mars 1990, de ce qui se passait de délictuel dans ma société

Vivien ? Cela ne veut-il pas dire que, à partir de cette date, étant contrôlé par la DGI, je ne fais pas mystère des infractions qui peuvent m'être reprochées ?

Si, comme il l'affirme, Charasse Michel avait été un ministre irréprochable, il n'aurait pas attendu juin 1992 pour prévenir l'autorité judiciaire de mes agissements. Or, que confie le ministre du Budget Charasse Michel au juge Philippe Courroye, dans un procès-verbal dûment signé par lui le 14 juin 1993 ? Très précisément qu'il savait tout, depuis longtemps, de mes agissements au sein de la société Vivien, puisque je l'en avais moi-même informé, en toute franchise :

« En mars 1990, déclare-t-il au juge, Pierre Botton m'a contacté téléphoniquement au ministère du Budget. J'ai accepté de lui parler directement car nous avions des amis communs dans l'association " Les Restaurants du Cœur ". Botton m'a dit qu'un contrôle fiscal venait d'être déclenché sur la société Vivien dont le siège était à Lyon. Il m'a expliqué que cette société était " la pompe à fric de son beau-père ". Il m'a précisé que le contrôle fiscal mettrait en cause des grands noms des médias et il m'a cité Patrick Poivre d'Arvor, François-Henri de Virieu et Anne Sinclair. Pierre Botton m'a expliqué que la société Vivien était une coquille vide dont l'unique objet était le financement politique de son beau-père... »

Voilà donc qui prouve indubitablement que Charasse Michel a utilisé sa fonction ministérielle pour entraver le cours normal de la justice et utiliser le service du contrôle fiscal comme une arme de règlement de comptes politiques. Tout s'est passé suivant un plan diabolique, dans le plus pur style des procédés staliniens.

Ma mise à mort

Pour avoir déclaré la guerre à Tapie Bernard, l'avoir mis en difficulté et m'acharner à obtenir de lui qu'il respecte ses engagements — ceux figurant dans mon infernale « clause de jackpot » —, c'est donc ce vieux dossier Vivien que Charasse Michel m'envoie maintenant en pleine figure. Peut-être, dans un premier temps, a-t-il pensé l'utiliser, pour venir en aide au président de la République, François Mitterrand, comme un contre-feu salutaire aux innombrables affaires de corruption qui jettent l'opprobre sur le Parti socialiste... et le chef de l'État lui-même. Celui-ci ne figure-t-il pas, nommément, dans plusieurs dossiers instruits par des juges considérés comme sulfureux ? Si le ministre du Budget ne l'a pas fait, n'est-ce pas en raison de la présence de tous ces journalistes dans mes réponses à l'administration fiscale ? De plus, plusieurs de ces amis dans les médias sont de gauche. Certains sont même militants. Animateur de l'émission *L'Heure de vérité*, François-Henri de Virieu est un ancien du *Matin de Paris*. Il ne cache pas son appartenance à la famille socialiste. L'éditorialiste Ivan Levaï, qui va devenir directeur de l'information à *Radio France*, est celui qui a rédigé le discours de François Mitterrand à l'hôtel du Vieux-Morvan, le 10 mai 1981, au soir de sa première élection à la présidence de la République. Sa femme de l'époque, Anne Sinclair, présentatrice vedette de *7 sur 7* sur *TF1*, est maintenant l'épouse de l'ancien ministre socialiste Dominique Strauss-Kahn. Mon autre ami Yves Mourousi, a, un temps, bénéficié de l'amitié de François Mitterrand, à qui il a donné des cours de « chébran[1] ».

Membre du RPR, j'ai des amis autant dans l'état-major de ce qui est alors l'opposition que dans celui des chaînes de télévision et de radio. A *Europe 1*, Jean-Pierre Elkabbach, actuel PDG de *France 2-France 3*, est un habitué de mes tables, déplacements et autres cérémonies. Il n'est pas plus mon obligé que Patrick Poivre d'Arvor, la star du JT de *TF1* avec lequel j'entretiens une relation plus confiante, plus intime. Il y a chez lui quelque chose qui m'attire : une sensibilité à fleur de peau, une sorte de romantisme qui ressemble à celui des héros de mon adolescence.

Au milieu de tous ces gens, et combien d'autre, — je veux parler de Jean-Claude Bourret, Jacques Martin, Jean-Luc Lahaye, Stéphane Collaro, François Siegel, Eddie Barclay, Smaïn, Bernard Pivot, Eddy Mitchell, Anne Sinclair et son mari d'alors Ivan Levaï, François-Henri de Virieu et Yves Mourousi, Charles Villeneuve et j'en passe... —,

1. Chébran : comprenez « branché ». Langage cher à Jack Lang et à la « génération Mitterrand ».

j'ai l'impression d'être en famille. Peu me pardonneront d'avoir cédé aux pressions de Charasse et de les avoir cités. On m'accusera de trahison. Menotté, emprisonné, désespéré par la froideur de l'univers carcéral, je ne saurai pas trouver les mots pour expliquer ce qui s'est réellement passé, pourquoi, sans que je le veuille, toutes ces personnalités vont se retrouver mêlées à un scandale qui ne les concernait pas. Sur le moment, je n'ai pas compris tout de suite la manœuvre d'encerclement qui, le 13 novembre 1992, va aboutir à mon inculpation et mon incarcération.

Le silence dans ma cellule, les interminables journées de ces cinq mois d'isolement, la longue et pénible instruction du juge Philippe Courroye, tous ces événements ajoutés les uns aux autres vont finalement m'ouvrir les yeux, m'obliger à l'acte de contrition dont cette *Lettre ouverte* est l'ultime manifestation. Car aujourd'hui l'homme qu'on juge n'est plus le même qu'hier.

Ma vie devient un enfer à dater de la fin du mois de juin 1992. Je me bats alors contre Tapie Bernard pour défendre mes droits dans La Vie Claire. Je dois faire face au fisc qui vient de réactiver le vieux dossier Vivien, en le transmettant à la justice. Il me faut également répondre aux accusations de Gilbert et Denis Boisson qui ont porté plainte contre X, laissant entendre que j'aurais puisé dans la caisse de la société portant leur nom pour aménager ma villa de Cannes. *TF1*, où Tapie a ses petites et grandes entrées, relaie complaisamment toutes ces attaques. Je suis cerné. Il me faut parer au plus pressé. En juillet 1992, je suis prévenu par les responsables de La Vie Claire et son directeur général, Jean-Marie Degorre, que l'argent manque. L'entreprise ne peut tenir son plan de trésorerie. J'apprends que deux semaines avant la vente du 20 février 1992, la direction de Bernard Tapie Finance, incapable de régler les fournisseurs, a imposé au chef comptable de La Vie Claire, Patrick Gaudinot, un « décalage de trésorerie » à hauteur d'environ 2,5 millions de francs. C'est cette somme qui manque aujourd'hui dans les comptes et qui atteste bien que Tapie Bernard m'a vendu une entreprise en faillite virtuelle. Je suis catastrophé par cette nouvelle tuile qui s'ajoute à mes malheurs.

Trop, c'est trop !

L'attestation écrite que me délivrent le 3 août 1992 Patrick Gaudinot, Jean-Marie Degorre et Michel Morineau, les trois dirigeants de La Vie Claire, me permet de prouver que l'entreprise était, au moment de sa vente, en réel état de cessation de paiement et donc que je suis tout à fait fondé à réclamer l'application de la « clause de jackpot ».

Mon premier réflexe est de me retourner vers la SDBO, la banque aux poches sans fond. Je n'ai pas le choix : aucun autre établissement ne veut me prêter les 2,5 millions de francs dont j'ai urgemment besoin pour continuer de faire tourner la boutique. Rue de La Rochefoucauld, au siège de la filiale du Crédit Lyonnais, Pierre Despessailles — qui sera mis en examen en 1994, notamment pour le dossier du *Phocéa* — vient opportunément de prendre sa retraite. Il était temps. Il a été remplacé par un manager plus jeune, Joël Monpert, chargé de faire le ménage dans la banque des coups tordus. Vaste programme... qui n'est toujours pas achevé en ce début de 1995, à l'heure où j'écris ces lignes.

Joël Monpert n'a pas la générosité de son prédécesseur. Son discours a le mérite d'être clair et net :

« Je ne mettrai pas un sou de plus dans La Vie Claire. »

Il me faut négocier. Comme au poker, je relance :

« Je veux bien y aller pour 1,25 million de francs. Mais votre banque doit en apporter autant. »

Le nouveau patron de la SDBO reste inflexible. Je comprends que la filiale du Crédit Lyonnais cherche maintenant à me faire lâcher prise. À tout prix. Mais je tiens à La Vie Claire. Mes efforts de réorganisation commencent à porter leurs fruits et cette acquisition est toujours pour moi une étape décisive : celle qui doit donner un véritable envol à mes activités.

De mauvaise grâce, je consens donc à remettre moi-même les 2,5 millions de francs dans l'affaire pour assurer la fin du mois de juillet et l'échéance du 10 août 1992. J'appelle Joël Monpert et l'informe de cette décision. Pourtant, quatre jours plus tard, nouveau coup bas. Le directeur de l'exploitation de la SDBO contacte le service comptable de La Vie Claire pour lui signifier que plus aucune facture de nos clients ne sera escomptée. Cette fois le message est clair : on a décidé de me couper les vivres, pour m'obliger à rendre La Vie Claire à Tapie Bernard. Le moment est mal choisi.

En ce début du mois d'août 1992, je suis attaqué de toutes parts. La presse se déchaîne, multipliant les assauts dans les différents dossiers où mon nom apparaît. Je sens que je ne vais plus pouvoir tenir très longtemps. C'est vrai, j'ai voulu affronter un adversaire d'une catégorie supérieure à la mienne. Je lui ai porté quelques coups qui lui ont fait mal. Et aujourd'hui, je reçois la monnaie de la pièce. Mais, je l'ai déjà dit, je ne suis pas un homme à céder aux « oukases », fussent-ils ceux d'un Tapie. Et j'ai horreur qu'on me force la main.

Perdu pour perdu, je décide de tenter un ultime baroud et demande une entrevue au président Augendre, du tribunal de commerce de Créteil, un homme d'âge et d'expérience, un monsieur très comme il faut, à qui j'explique sans fard l'urgence de la situation :

« Voilà, Monsieur le président, je suis pris au piège. Certes, j'ai sans doute commis des fautes tout au long de ma carrière d'homme d'affaires, mais pas dans La Vie Claire. Là, on ne peut rien me reprocher. Et pourtant, la SDBO et le Crédit Lyonnais cherchent à me faire rendre gorge. C'est très dur pour moi. Je viens déjà, il y a un mois et demi, de déposer le bilan de ma société Boisson, qui a été liquidée. Si, aujourd'hui, je rends La Vie Claire à son ancien propriétaire, c'est toute ma crédibilité professionnelle qui vole en éclats. Comment éviter l'irréparable ? Si je ne cède pas ils vont m'achever ! »

Le président Augendre écoute attentivement. À la fin de mon exposé, son regard s'éclaire. Avec une voix posée, il me rassure :

« Écoutez, monsieur Botton, vous allez déposer le bilan de La Vie Claire et on va faire l'état de cessation de paiement ensemble, parce que moi, ça fait deux ans et demi que j'attends cette heure... »

Il me suggère un plan de bataille soigneusement minuté :

« Vous allez déposer le bilan le jeudi 13 août. Ainsi, vous aurez un délai de grâce de sept jours — jusqu'à la séance du tribunal de commerce du 20 août — pour négocier avec M. Tapie. »

Ce conseil, je le suis à la lettre : le 13 août à 15 heures, je me rends au tribunal de commerce de Créteil pour déposer les comptes de La Vie Claire et déclarer l'entreprise « en état de cessation de paiement ». Le tribunal décide de statuer dans sept jours, le 20 août, sur la suite à donner au dossier.

La perspective du dépôt de bilan de La Vie Claire provoque un cataclysme dans les rangs du camp Tapie. De toute évidence, l'ancien ministre ne veut, à aucun prix, que la justice aille mettre son nez dans les bilans de ses sociétés. Il sait que les petits actionnaires de Bernard Tapie Finance, de même que les limiers de la COB (Commission des opérations de bourse) sont à l'affût, prêts à fondre sur les comptes de son groupe, à la moindre défaillance.

Bien que mon initiative ne soit pas rendue publique, les réactions pleuvent. Quand, ce jeudi 13 août, peu après avoir déposé le bilan de La Vie Claire à Créteil, je débarque à l'aéroport de Nice, le téléphone sonne dans ma Renault 25. C'est Monpert. Le patron de la SDBO est dans tous ses états :

« Botton, que venez-vous de faire ?

— Pardon ?

— Vous êtes complètement dingue ! Vous avez déposé le bilan de La Vie Claire ?

— Les nouvelles vont vite, vous êtes bien informé.

— Oui, c'est mon métier. Je sors d'un entretien avec le président Augendre. Vous êtes fou, Botton ! Il faut absolument arrêter ça !

— Je n'en ai pas la possibilité. Vous m'y avez obligé. Que voulez-vous que je fasse ? Vous ne voulez pas me suivre, vous refusez de remettre de l'argent. Vous exigez que ce soit moi qui paie. Si je réinjecte des capitaux frais dans La Vie Claire, je deviens complice du soutien abusif de la SDBO vis-à-vis d'elle. Je ne le ferai pas.

— Botton, remontez à Paris immédiatement ! Tout de suite ! On doit renégocier. Je me fais fort d'arranger cette histoire pour que La Vie Claire soit, pour vous, une excellente affaire. Je vous en supplie, Botton, remontez à Paris.

— Il n'en est pas question, monsieur Monpert. J'ai à faire ici. Et puis le 15 août approche. De toute façon, rien ne presse. »

Le lundi, je consens à revenir à Paris. Négociations de la dernière chance avec le clan Tapie et sa banque fétiche. La réunion a lieu à la SDBO, dans la grande salle du sixième étage. J'ai à mes côtés mon avocat Me Véronique Lartigue. En face : Élie Fellous, président de BTF, Francis Bousquet, l'avocat de Tapie, et Joël Monpert. Ordre du jour : l'annulation de la vente de La Vie Claire et son retour dans le giron du groupe Bernard Tapie Finance.

La proposition de BTF est d'une simplicité biblique : la vente de La Vie Claire doit être cassée et je leur restitue la chaîne de magasins. Moi j'exige qu'ils me rendent mon argent avec un dédommagement de 20 millions de francs. Les négociateurs de BTF cherchent un compromis. Ils font un premier pas et me proposent une prime de 2 millions de francs, assortie de la restitution de mes comptes courants. Je tiens bon. Les négociations s'éternisent. En désespoir de cause, Joël Monpert se résout à appeler Tapie... sur son yacht, le *Phocéa* :

« Bonjour, Monsieur le ministre. Je suis avec Pierre Botton. Nous sommes en train de boucler les négociations à propos de La Vie Claire.

— Les quoi ? Il n'y a pas de négociations ! Botton, il me rend ma société et il est bien content comme cela.

— Mais monsieur Tapie, monsieur Botton exige au moins le remboursement de ses frais...

— Il n'a aucun frais, il me rend La Vie Claire ! C'est tout !

— Monsieur le ministre, ne croyez-vous pas que l'on pourrait transiger aux alentours de 20 millions ?

— Tu te moques de moi ! Qui es-tu, toi ?

— Je suis Joël Monpert, le nouveau directeur général de la SDBO.

— T'es nommé depuis combien de temps ?

— Le 1er juillet.

— Essaie au moins de faire encore trois jours ! Qui tu es, toi, pour jouer avec mon argent ? Y a pas de négociations ! »

Devant cette fin abrupte de non-recevoir, la séance est levée. C'est Élie Fellous qui me rappelle pour tenter de recoller les morceaux. La partie de poker reprend. Le PDG de BTF a fini par convaincre Tapie de faire un geste. Car il leur faut à tout prix éviter le dépôt de bilan de La Vie Claire. Sous peine de voir s'effondrer le groupe Tapie comme un château de sable. Fellous m'implore de téléphoner à Tapie pour renouer le contact. J'y consens. La conversation durera trois quarts d'heure. Comme d'habitude, le langage est menaçant, les mots orduriers. Tapie n'a ni scrupules, ni limites dans l'intimidation. Tous les coups sont permis, sans aucune retenue. Il est 17 h 30. Au bout du fil, Tapie Bernard, toujours sur le *Phocéa*, se lance dans un effrayant monologue. J'ai l'impression de converser avec un chef de la Camorra :

« Dis donc, y a pas de négociations ! Tu sais ce

que je veux dire ? Y a pas de négociations ! Et maintenant, tu vas faire bien attention à tout ce que tu fais. Tu te crois intelligent, mais tu vas en prendre plein la tête ! Tu sais ce que c'est que plein la tête ? Tu peux vérifier. Va voir le procureur et demande-lui s'il n'y a pas une plainte qui est en train d'être déposée contre ta femme, à Lyon, pour un vol de balançoire ! »

Je n'invente rien. Aussi invraisemblable qu'il soit, cet épisode de la balançoire a alors été relaté en détail par la presse lyonnaise. En réalité, il s'agissait d'une simple querelle de voisinage avec la dame qui partageait notre hôtel particulier du boulevard des Belges à Lyon. Ma femme avait déplacé de quelques mètres cette balançoire qui appartenait à cette voisine, mais qui avait été installée sur notre partie du terrain. Effectivement, comme me l'apprend Tapie, plainte a été déposée et le préfet a déplacé la police pour entendre mon épouse à propos d'un « vol de balançoire » ! C'est Clochemerle au pays des traboules. Reste à savoir comment Tapie a été prévenu de ce différend privé. Ce n'est pas tout. De toute évidence, pour mieux m'intimider, Tapie Bernard a épié mes moindres faits et gestes et il me le fait savoir :

« Écoute bien, je vais te donner le détail de l'ensemble de tes comptes bancaires, et arrête de me dire que tu n'as pas d'argent. »

Ce que j'entends me laisse pantois. Tapie est informé de tout : le nom de mes banques, mes numéros de comptes et même mes positions.

« Lâche, me dit-il. Tu n'as pas compris que tu

n'es pas de taille ? Lâche ! Ça va t'exploser à la tête ! Tu ne pourras pas t'en sortir. T'as vu ce que j'ai déclenché avec tes contrôles fiscaux ? Et c'est pas fini. »

Après cette guillerette entrée en matière, Tapie Bernard passe à l'artillerie lourde :

« Demain matin, quelqu'un viendra chez toi à 7 heures et demie, pour t'amener des documents et quelques objets. Ils vont te faire comprendre à qui tu as affaire. Alors lâche ! »

Le lendemain à l'heure dite, à mon domicile parisien de l'avenue Paul-Doumer, je reçois effectivement la visite d'un mystérieux personnage. Bien qu'on soit en août, l'homme est en imperméable et costume-cravate. Brun, mince, sa politesse est exquise. Sur le pas de la porte, il me tend le vélo miniature qui m'a été subtilisé quelque temps auparavant, lors d'un cambriolage à mon appartement, pour lequel j'ai d'ailleurs porté plainte.

« Je viens de la part de Bernard Tapie. Je crois que l'on vous a pris ça », me lance-t-il, laconique.

Sans toutefois me le laisser, il me montre aussi un listing informatique de toutes mes conversations téléphoniques depuis trois semaines, avec les noms des sociétés ou des personnes appelées. L'homme est par ailleurs en possession de mon emploi du temps pendant ces trois semaines, y compris lors de mes déplacements à l'étranger. Il me cite les dates des cambriolages à mon domicile et les documents pris. Et je passe ici sur d'autres petits détails qui en disent long sur les mœurs de cet étrange milieu. Bientôt l'émissaire s'éclipse. À 8 heures, à peine a-t-il tourné les talons, la sonnerie du téléphone retentit. C'est Tapie qui appelle. Amplifiée, la conversation est entendue par mon avocate, juste arrivée. Nouveau monologue. Cette fois, le ton est tout miel. Après les pires menaces, Tapie joue maintenant sur les sentiments : procédé bien connu du côté de Pigalle, chez les Prosper du macadam :

« Écoute, Botton, tu es intelligent, courageux, travailleur. Avec tes relations et mes réseaux, on a la France ! Viens travailler avec moi, mais rendez-moi La Vie Claire. Ton plan de redressement est super. Je te laisse à la tête de l'entreprise et je te donne un million par mois. »

Il me parle comme un grand frère :

« Tu sais, je t'admire. Tu as mis en branle contre moi une machine extraordinaire. Il n'y a pas un mec qui ait osé imaginé un truc comme ça. Pas un gars ! T'es pas con. Alors, lâche et viens avec moi. »

Un leitmotiv revient dans la bouche de Tapie :

« Surtout pas de pénal. Ne touche jamais au pénal. Dans les affaires, le pénal, c'est terrible. »

Après cette douche écossaise, je suis désorienté. Même mon avocate commence à être sous le charme. Je saisis la balle au bond :

« Monsieur Tapie, vous ne pouvez pas me tenir ce discours et me demander en même temps de tout lâcher pour rien. Ce n'est pas possible.

Depuis que je vous ai racheté La Vie Claire, malgré mes visites et mes demandes répétées, nous n'avons pas eu une vraie négociation. Faites un pas, quelque chose ! Vous savez bien que j'ai remis de l'argent dans La Vie Claire. Il faut que je rentre dans mes frais. Je ne peux pas être laissé comme cela sur le carreau. Il y va de ma réputation. »

Tapie lâche du lest :

« D'accord. Va revoir Fellous. Je ne veux pas de dépôt de bilan, ni d'information judiciaire sur La Vie Claire. On va s'arranger. »

Mon conseil m'invite à signer l'armistice :

« Vous devriez accepter. Revendez. On prend ce qu'on peut prendre, et basta ! »

Illico, les conversations reprennent à la SDBO et avenue de Friedland, chez Bernard Tapie Finance. Nouvelle séance marathon, pendant toute la journée et toute la nuit. Le 20 août 1992, à 4 heures du matin, un accord est enfin trouvé. Mandaté par Tapie, Élie Fellous signe le protocole qui m'accorde 5,5 millions de francs d'indemnité pour « préjudice subi », auxquels s'ajoute tout un ensemble de frais d'étude que La Vie Claire prendra en charge.

Je crois avois gagné. Je viens, en fait, de signer mon arrêt de mort. La Vie Claire était mon dernier atout. En ne maintenant pas le dépôt de bilan de la société et en la rendant à Tapie, je me prive de la seule arme qui me reste. De plus, Tapie Bernard ne me pardonnera jamais de lui avoir fait reconnaître par écrit le préjudice subi, assorti d'une coquette indemnité compensatoire. Dans son monde, il est impensable de laisser dans la nature un individu tel que moi, qui connaît les mécanismes, les secrets de ses financements et qui est donc susceptible un jour de parler. Il lui faut — mais cela je l'ignore encore — tout entreprendre pour m'éliminer, me salir, me sortir du circuit. Ce n'est pas pour lui une question d'argent, mais de pouvoir.

De mon côté, je tiens mes engagements… pour rendre La Vie Claire à Tapie Bernard. Il me reste à stopper la procédure de dépôt de bilan mise en route sept jours plus tôt. La course continue. Ce même 20 août, à 11 heures, je suis au tribunal de commerce de Créteil. Le président Augendre enregistre ma déclaration :

« La Vie Claire était en cessation de paiement, elle ne l'est plus. J'ai ici la lettre de la SDBO certifiant qu'elle remet 30 millions de francs dans la caisse, si je quitte la présidence de la société et si Bernard Tapie Finance en reprend le contrôle. Dans ces conditions, la SDBO accepte de combler tous les découverts. »

Au président Augendre qui m'interroge, je révèle que je viens de démissionner de mon poste de président directeur général.

Le tribunal prend acte. À 15 h 30, le président rend son jugement. L'état de cessation de paiement est annulé et La Vie Claire peut survivre… Mais sous la direction de Bernard Tapie Finance. À 16 h 30, je suis encore au ministère du Budget, à Bercy. J'y rencontre un conseiller de Charasse Michel, un M. Laval, successeur de mon précédent interlocuteur, M. Ripeau, auquel je tiens ce propos :

« Vous m'avez dit qu'il fallait que je cède avec monsieur Tapie. C'est fait. »

Bientôt, je connaîtrai la garde à vue, la prison, le désespoir qui conduit à craquer. Et puis, le temps faisant son œuvre, je finirai par me ressaisir.

À la différence d'un Tapie Bernard, qui continue à se poser en victime, malgré la mise au jour « feuilletonesque » de ses gigantesques dilapidations et diverses turpitudes, je me suis employé à rembourser les sommes que l'on me reproche d'avoir indûment dépensées. Inégalité de traitement, justice à deux vitesses...

De son côté, avant que le tribunal correctionnel de Lyon soit appelé à juger mon affaire, à partir du 13 février 1995, le sénateur Charasse Michel, conseiller spécial du président de la République François Mitterrand, se rend, le 11 décembre 1994, dans les studios de *France Inter.* Avant l'heure du déjeuner, l'ancien ministre du Budget répond longuement, pendant une heure, à une interview impertinente du journaliste Daniel Schick. Les propos de l'ancien ministre du Budget relèvent, ni plus ni moins, du Tribunal révolutionnaire. Robespierre est de retour et Saint-Just n'a rien à lui envier.

Ignorant la « présomption d'innocence » propre à notre droit démocratique, Charasse Michel s'en prend, en termes d'une incroyable violence, au journaliste Patrick Poivre d'Arvor. Nul ne songera à lui en faire remontrance. Et pourtant ! Maladroit, prenant d'autorité la place des magistrats qui demain jugeront le journaliste dans le cadre de mon affaire, le bras droit du chef de l'État prononce à l'endroit du présentateur vedette du journal télévisé de *TF1* un réquisitoire avant l'heure. Vieille haine. Elle remonte au temps — 1990 — où PPDA et les autres journalistes de l'émission *Le Droit de savoir*, sur *TF1*, révèlent l'étendue de la corruption socialiste dans le réseau Urba... et l'implication avérée du président de la République lui-même. Rendant donc la justice tout seul, Charasse Michel lâche son venin. Voici venu le temps de l'aveu :

« (...) Patrick Poivre d'Arvor, lui, qui est plus que “ mis en examen ”, il est renvoyé devant le tribunal correctionnel, au mois de février, renvoyé (...). Mais il présente toujours le journal. »

Le journaliste qui l'interroge fait remarquer à l'ancien ministre que Poivre d'Arvor ne présentera plus le JT de la première chaîne pendant tout le temps du procès. Charasse en profite pour continuer sa charge. Et voici le dialogue révélateur que je livre à l'appréciation du lecteur.

Michel Charasse : « Mais attendez, mais attendez, peu importe, mais peu importe. Il fait la morale, lui (...). Il fait la morale (...). Attendez, c'est moi qui pose les questions. Vous trouvez ça bien, vous ? Vous trouvez ça bien qu'un mec qui fait la morale tous les soirs à vingt heures soit renvoyé devant le tribunal et continue à faire la morale ? Vous trouvez ça bien ? »

Le journaliste : « Qui vous dit qu'il fait la morale ? »

Michel Charasse : « Non, mais attendez, moi je l'entends. »

Le journaliste : « Mais il dit ce qui se passe (...). Vous dites qu'il fait la morale. Il fait son métier, il dit ce qui se passe, il parle des gens condamnés. En quoi est-ce qu'il moralise ? »

Michel Charasse : « Comment est-ce qu'on peut supporter que quelqu'un qui est renvoyé devant le tribunal correctionnel — donc c'est plus qu'une " mise en examen " — continue, comme ça, à occuper une antenne qui bénéficie quand même d'une concession de service public, puisque, comme vous le savez, c'est le domaine des ondes et c'est le domaine public... »

Il restera de toute cette malheureuse histoire que, par la manipulation de ma personne, un ministre de la République aura réussi un triple exploit :

- aider un de ses collègues, l'illustre Tapie Bernard, par l'opportune exploitation de mon dossier fiscal, préparé et tenu au chaud de longue date ;

• intimider, voire effrayer, les journalistes parmi les plus importants de l'audiovisuel, tous coupables de m'avoir fréquenté, tous soupçonnés d'une trop grande indépendance ;

• punir, pour l'exemple, celui d'entre eux — Patrick Poivre d'Arvor — qui, étant de surcroît le plus célèbre, le plus en vue, a le tort de ne pas appartenir au Parti socialiste... ce qui lui a valu de figurer, longtemps, en tête de la liste noire du « prince consort » en charge de la distribution des nouvelles lettres de cachet.

Jurant d'avoir dit ici la vérité, toute la vérité, rien que la vérité, sur les mœurs et agissements de Tapie Bernard et Charasse Michel, Ministres intègres, j'entends rappeler que :

• j'ai déjà subi cinq mois de prison ;

• j'ai remboursé la totalité de mes dettes, ce que vient de confirmer, à la barre du tribunal correctionnel de Lyon, le liquidateur judiciaire, Me Patrick Dubois.

De plus :

• aucun créancier ne s'est porté partie civile contre moi ;

• aucune banque ;

• aucun pharmacien de mes clients ;

• et pas même le Trésor public...

De son côté, en raison d'une logique propre à notre fin de siècle, l'illustre Tapie Bernard est toujours élu, député... et même, maintenant, leader de parti. Mieux encore : sur toutes les antennes de radio et de télévision, dans toute la presse, « Monsieur Bernard » continue de fanfaronner, sans être le moins du monde gêné d'avoir profité des largesses du Crédit Lyonnais — banque de l'État... et donc des contribuables —, à hauteur d'au moins :

« un milliard et trois cents millions de francs ».

À la collectivité nationale — je veux parler de l'État, actionnaire principal du Crédit Lyonnais — Tapie Bernard n'a pas remboursé un seul centime. C'est à ce même débiteur que l'on doit des centaines de chômeurs, dans les entreprises qu'il eut le malheur de posséder. À ce jour, Tapie Bernard, vedette des prétoires, copain de Charasse Michel... et mascotte du président de la République, François Mitterrand, a la chance, lui, de n'avoir jamais fait un seul jour de prison.

Comprenne qui pourra...

Pierre Botton

Dans la collection « Lettre ouverte »

André Bercoff	*Lettre ouverte à ceux qui ne sont rien et qui veulent être tout*
Bernard Besret	*Lettre ouverte au pape qui veut nous assener la vérité absolue dans toute sa splendeur*
Cavanna	*Lettre ouverte aux culs-bénits*
Jean-Paul Escande	*Lettre ouverte aux technocrates qui prennent l'hôpital pour une usine*
Philippe Guilhaume	*Lettre ouverte aux Français qui ne veulent plus être pris* que *pour des cons*
Jean-Edern Hallier	*Lettre ouverte au colin froid*
Jean-Luc Hennig	*Lettre ouverte aux Suisses, si bons, si gros, si tristes*
Guy Hocquenghem	*Lettre ouverte à ceux qui sont passés du col Mao au Rotary*
Dominique Jamet	*Lettre ouverte à la droite la plus mal à droite du monde*
Thierry Jean-Pierre	*Lettre ouverte à ceux que les petits juges rendent nerveux*
Michel Jobert	*Lettre ouverte aux femmes politiques*
Jacques Marseille	*Lettre ouverte aux Français qui s'usent en travaillant et qui pourraient s'enrichir en dormant*
André Maurois	*Lettre ouverte à un jeune homme*
Jean Montaldo	*Lettre ouverte d'un « chien » à François Mitterrand au nom de la liberté d'aboyer*
Éric Neuhoff	*Lettre ouverte à François Truffaut*
Louis Pauwels	*Lettre ouverte aux gens heureux*
Thierry Pfister	*Lettre ouverte à la génération Mitterrand qui marche à côté de ses pompes*
Michel Poniatowski	*Lettre ouverte au Président de la République*
Jean-François Revel	*Lettre ouverte à la droite*
Alexandre Sanguinetti	*Lettre ouverte à mes compatriotes corses*
Bernard Thomas	*Lettre ouverte aux écolos qui nous pompent l'air*

DENIS TILLINAC	*Lettre ouverte à Jacques Chirac pour le sauver de ses « amis »*
JACQUES VERGÈS	*Lettre ouverte à des amis algériens devenus tortionnaires*
PHILIPPE DE VILLIERS	*Lettre ouverte aux coupeurs de tête et aux menteurs du bicentenaire*
WOLINSKI	*Lettre ouverte à ma femme*
MARYSE WOLINSKI	*Lettre ouverte aux hommes qui n'ont toujours rien compris aux femmes*

*La composition de cet ouvrage
a été réalisée par l'Imprimerie BUSSIERE,
l'impression et le brochage ont été effectués
sur presse CAMERON dans les ateliers de B.C.I.,
à Saint-Amand-Montrond (Cher),
pour le compte des Éditions Albin Michel.*

*Achevé d'imprimer en mars 1995.
N° d'édition : 14565. N° d'impression : 4/269
Dépôt légal : mars 1995.*